A produção artesanal do papel de fibra de bananeira em um contexto educacional

Conselho Editorial da Editora Livraria da Física

Amílcar Pinto Martins - Universidade Aberta de Portugal

Arthur Belford Powell - Rutgers University, Newark, USA

Carlos Aldemir Farias da Silva - Universidade Federal do Pará

Emmánuel Lizcano Fernandes - UNED, Madri

Iran Abreu Mendes - Universidade Federal do Pará

José D'Assunção Barros - Universidade Federal Rural do Rio de Janeiro

Luis Radford - Universidade Laurentienne, Canadá

Manoel de Campos Almeida - Pontifícia Universidade Católica do Paraná

Maria Aparecida Viggiani Bicudo - Universidade Estadual Paulista - UNESP/Rio Claro

Maria da Conceição Xavier de Almeida - Universidade Federal do Rio Grande do Norte

Maria do Socorro de Sousa - Universidade Federal do Ceará

Maria Luisa Oliveras - Universidade de Granada, Espanha

Maria Marly de Oliveira - Universidade Federal Rural de Pernambuco

Raquel Gonçalves-Maia - Universidade de Lisboa

Teresa Vergani - Universidade Aberta de Portugal

Nília Oliveira Santos Lacerda
Gerson de Souza Mól

A produção artesanal do papel de fibra de bananeira em um contexto educacional

2023

Copyright © 2023 os autores
1ª Edição

Direção editorial: José Roberto Marinho

Capa: Fabrício Ribeiro
Projeto gráfico e diagramação: Fabrício Ribeiro

Edição revisada segundo o Novo Acordo Ortográfico da Língua Portuguesa

Dados Internacionais de Catalogação na publicação (CIP)
(Câmara Brasileira do Livro, SP, Brasil)

Lacerda, Nília Oliveira Santos
A produção artesanal do papel de fibra de bananeira em um contexto educacional / Nília Oliveira Santos Lacerda, Gerson de Souza Mól. – São Paulo, SP: Livraria da Física, 2023.

Bibliografia.
ISBN 978-65-5563-368-9

1. Bananeira 2. Celulose 3. Fibras vegetais 4. Papel - Indústria - Brasil - História 5. Química -Estudo e ensino I. Mól, Gerson de Souza. II. Título.

23-171282   CDD-540.7

Índices para catálogo sistemático:
1. Química : Estudo e ensino 540.7

Tábata Alves da Silva - Bibliotecária - CRB-8/9253

Todos os direitos reservados. Nenhuma parte desta obra poderá ser reproduzida sejam quais forem os meios empregados sem a permissão da Editora.
Aos infratores aplicam-se as sanções previstas nos artigos 102, 104, 106 e 107 da Lei Nº 9.610, de 19 de fevereiro de 1998

Editora Livraria da Física
www.livrariadafisica.com.br
www.lfeditorial.com.br
(11) 3815-8688 | Loja do Instituto de Física da USP
(11) 3936-3413 | Editora

Sumário

APRESENTAÇÃO 7

1. História do papel 13

2. O papel de fibra de bananeira 25

3. Constituintes do papel 39

4. Produção de papel com segurança 53

5. O papel e suas transformações 69

6. O Papel e suas etapas de produção 83

7. Química verde e a produção de papel 95

8. Branqueamento do papel 113

9. Tingimento do papel 127

10. Características e propriedades do papel 141

REFERÊNCIAS BIBLIOGRÁFICAS 157

Apresentação

O objetivo desta obra é possibilitar o desenvolvimento de projeto em sala por meio da temática da produção artesanal de papel a partir da fibra de bananeira com intuito de despertar a curiosidade, o espírito investigador, questionador e transformador da realidade, e possibilitar a resolução de problemas juntamente com a comunidade escolar e sociedade a partir do contexto educacional das relações Ciência – Tecnologia – Sociedade – Ambiente e dos três momentos pedagógicos.

O planejamento e elaboração deste material é fruto de um trabalho realizado juntamente com estudantes da Educação Básica. Por isso, não é um material "receita a ser seguida", mas um conjunto de sugestões de estratégias de ensino e atividades. O professor decide juntamente com os estudantes as atividades e problemas que podem ser resolvidos a partir do seu contexto escolar.

Nosso intuito com esta obra é auxiliar o professor nas etapas de produção artesanal de papel de fibra de bananeira e na apropriação dos conceitos envolvidos em cada etapa, e também que ela seja utilizada pelos estudantes que se interessarem em trabalhar por projetos, com disciplinas eletivas, ou protagonismo juvenil, para relacionar os conceitos químicos envolvidos em cada etapa da produção de papel, a partir de um trabalho interdisciplinar.

Seguimos aqui os ensinamentos de Paulo Freire em que os currículos tenham como prioridade o que é significativo para nossos estudantes, para a escola e a comunidade. Assim, optamos pelo trabalho com temas que discutem as relações CTSA, pois partimos da fundamentação na dialogicidade e dos princípios defendidos por Paulo Freire em seus estudo sobre Tema Gerador, mas não seguimos os preceitos da investigação temática. Os temas geradores de Freire surgem de discussões no chão da escola pelos estudantes e criam várias possibilidades de desdobramentos em outros temas, o que provoca novas ações para serem trabalhadas.

Os Temas que discutem as relações CTSA possuem divergências e convergências com o tema gerador. O tema gerador de Paulo Freire passa pelas etapas da Investigação Temática. O Tema CTSA surge da realidade da escola, porém, além do envolvimento dos estudantes, primeiramente acontece o envolvimento com os demais pares como a coordenação, professores, supervisores, orientadores, com o intuito de envolver e despertar a curiosidade e o interesse nos estudantes, já que os conceitos científicos serão trabalhados à medida que são necessários para explicar os processos, no nosso caso, produção artesanal do papel de fibra de bananeira em um contexto educacional processos de produção do papel artesanal. É possível também relacionar situações reais a conceitos mais abstratos que ajudem na compreensão da realidade.

Na abordagem temática Freiriana, os temas são obtidos por meio da Investigação Temática, na busca de temas geradores, que envolvam situações problemáticas, contraditórias, pertencentes a seu mundo vivido, em destaque a importância do diálogo e problematização como forma de definir os temas, ou seja, temas que tenham significado para os estudantes, discutidos em uma realidade próxima a eles, já nos temas que discutem as relações CTSA, esse aspecto não é tão relevante, são temas que possuem uma abrangência universal, e é o professor que o define, diferentemente da perspectiva de Paulo Freire, na qual o tema surge de uma efetiva participação da comunidade escolar.

Propomos textos sobre atitudes e valores e propostas de resolução de problemas na comunidade escolar. Dessa forma, o estudante poderá se envolver mais no trabalho da escola de forma que que favoreça situações de comunicação, cooperação, argumentação e formação de opiniões. O material é dividido em dez unidades propostas de acordo com a ordem das etapas da produção de papel artesanal, juntamente com os conceitos necessários para explicação de cada uma das etapas. São elas:

1. História do papel (importância e história do papel).

2. O papel da fibra de bananeira (aspectos ambientais da produção de papel a partir da fibra de bananeira, características da bananicultura e estrutura da bananeira).

3. Constituintes do papel (estruturas e propriedades dos principais constituintes do papel: celulose, hemicelulose e lignina).

4. Produção de papel com segurança (normas de segurança durante a realização de experimentos e durante a produção de papel).

5. O papel e suas transformações (processo de cozimento, evidências de reações químicas, conceitos básicos de termoquímica e cinética).

6. O papel e suas etapas de produção (maceração, filtragem, diluição e tipos e separação de misturas).

7. A Química verde e o papel (importância do tratamento de resíduos, neutralização do caldo, aspectos ambientais na produção de papel).

8. Branqueamento do papel (descoloração – tipos de reagentes e seus efeitos).

9. Tingimento do papel (tingimento do papel – corantes naturais e sintéticos).

10. Características e propriedades do papel (resistência, gramatura, textura, secagem, dentre outros).

Cada unidade se divide em seis seções. As seções foram estruturadas a partir de uma adaptação e ampliação da metodologia dos três momentos pedagógicos, que se alternam em cada unidade e são assim intituladas: Refletir e Questionar, Estudar e Aprender, Pesquisar e Descobrir, Agir em Sociedade, um pouco de história e sugestões para o professor.

A primeira seção, "**Refletir e Questionar**", traz uma discussão inicial com problematização de questões que estimulam o debate sobre um aspecto da produção do papel artesanal e a curiosidade dos estudantes em descobrirem sobre o assunto. Aqui temos o início do processo investigativo, em que o estudante desperta sua curiosidade e interesse por aprender os conceitos e temas a serem trabalhados posteriormente.

Várias das questões utilizadas para iniciar as unidades partiram de discussões em que os estudantes as formularam. Essas problematizações iniciais necessitam de um estudo mais aprofundado de vários conceitos científicos e esse momento acontece na seção "**Estudar e Aprender**". Nesse momento da aula, o professor poderá utilizar várias estratégias de ensino de acordo com sua realidade, seus recursos disponíveis e sua criatividade.

Convém lembrar que não temos a pretensão de esgotar conteúdos de Química ou de qualquer outra disciplina. Nosso objetivo é trabalhar com a interdisciplinaridade por meio de conceitos básicos que irão contextualizar o entendimento sobre as etapas de produção do papel artesanal a partir da fibra de bananeira.

Segundo Morin (2002), contextualizar é inserir as partes no todo com uma visão geral de mundo, sem informações dispersas, para que sejam significantes. A necessidade de conectar conhecimentos, relacionar, contextualizar faz parte do aprendizado humano.

Os currículos das diferentes disciplinas precisam estar relacionados para formar uma rede que possibilite o processo de ensino-aprendizagem. A imagem de rede ou teia de significações é uma boa representação do trabalho interdisciplinar, com seus elos e nós.

Machado (2000) relata que é impossível entender determinado conteúdo sem antes conhecer ou aprender os conteúdos que são "pré-requisitos". Mas, em vários casos, como o autor menciona, e nós também acreditamos, isso parece não ser verdadeiro, portanto, essa rigidez no encadeamento dos tópicos desenvolvidos parece desnecessária.

Por isso nossos temas não seguem uma estrutura rígida como uma sequência convencional dos conteúdos de Química. Os conceitos surgem de acordo com a necessidade de inserção para explicar e ajudar a entender os processos que acontecem durante a produção de papel. Assim acreditamos ser um caminho para a apropriação do conhecimento a partir dos pressupostos teórico-metodológicos da Educação CTSA.

Sugerimos também algumas atividades na seção **"Pesquisar e Descobrir"** e nas sugestões para os professores. A nossa intenção é estimular o gosto pela pesquisa, incentivar a leitura e a descoberta, para que, posteriormente, os estudantes consigam elaborar, trabalhar em equipe e redigir sobre o que aprendeu. Nas sugestões, existem várias atividades interdisciplinares e algumas estratégias de ensino que seguem os objetivos da Educação CTSA, como visitas, debates, projetos em grupo, pesquisa de campo, utilização de materiais audiovisuais e tecnologias digitais, utilização de entrevistas, dentre outras. Essas estratégias visam à formação de opinião dos estudantes e a influência deles nas decisões diante das situações reais dentro e fora da escola, segundo Santos e Schnetzler (2004).

Na seção **"Investigar e Experimentar"**, abordamos sugestões de atividades investigativas que envolvem a participação ativa dos estudantes, utilizando experimentos que visam estimular a curiosidade e o interesse em aprender. De acordo com Suart e Marcondes (2008) , a experimentação investigativa fornece ao estudante o momento de discussão, questionamento de suas hipóteses e ideias iniciais, permitindo confirmá-las ou refutá-las por meio da construção e análise de dados.

Segundo Machado (2004), o processo investigativo auxilia as relações entre os níveis fenomenológicos (macroscópicos) e teóricos (submicroscópicos e representacionais) na elaboração conceitual e favorece também discussões entre os estudantes e o professor. A função do professor é mediar a apropriação desses conceitos, pois somente por meio da observação do fenômeno não é possível explicá-lo.

Enfatizamos também a importância de se trabalhar em uma perspectiva humanística e voltada para a formação de atitudes e valores, necessária para que o estudante se transforme em um cidadão participativo na resolução de problemas da sua realidade, tanto na escola como na comunidade. Caracterizamos essa seção como **"Agir em Sociedade"**, na qual propomos textos para o professor desenvolver a leitura com seus estudantes. Em seguida, temos um quadro com sugestões de resolução de problemas no qual os estudantes têm a oportunidade de realizar ações propostas. O tema escolhido de cada texto, na maioria das vezes, está relacionado com os assuntos abordados em cada unidade. Por exemplo, na Unidade 6 tratamos sobre a quantidade de água que é utilizada no processo, o texto dessa unidade é sobre a água, como podemos preservá-la. Na Unidade 7, abordamos o tratamento de resíduos e rejeitos no laboratório, o texto é sobre o lixo, que também é um tipo de rejeito.

Nos textos da seção **"Agir em sociedade"** trazemos os aspectos éticos, humanos e cooperativos a partir da perspectiva humanística de Paulo Freire, na qual o compromisso com a sociedade é trabalhar os valores humanos e a não centralidade em valores de mercado gerados pela sociedade tecnológica. Defendemos uma educação em que os estudantes de forma crítica, participativa e coletiva possam pensar, refletir, discutir e o seu papel na sociedade e saber resolver problemas relacionados com a tecnologia sem desfazer-se dela, dando relevância às condições humanas.

Valorizamos também a formação crítica para uma cidadania, que seja fundamentada em aspectos éticos que direcionam o comportamento dos estudantes para discutirem temas necessários para nossa sociedade contemporânea e em constantes transformações e avanços científicos e tecnológicos. Esperamos que essa obra seja útil e lhes permitam desenvolver atividades que favoreçam a formação crítica reflexiva dos estudantes.

1

História do papel

 Refletir e Questionar

Vivemos na era da informação. Sabemos, em tempo real, o que está acontecendo na China, ou em qualquer parte do mundo. Por exemplo, para saber o que é lignina, basta sentar frente a um computador conectado à internet e "o computador responde". Temos uma enorme quantidade de conhecimentos acumulados. Mas pare e pense...

Qual será a relação do papel com tudo isso? Podemos viver sem o papel?

O grande avanço tecnológico dos meios eletrônicos de comunicação e das mídias digitais são uma ameaça para a utilização do papel?

Qual a importância do papel em diferentes épocas da história da humanidade? O que pode substituir o papel?

Podemos fazer papel? Podemos usar materiais diferentes?

Fonte: Os autores

Investigar e Experimentar
Conhecer, identificar e utilizar os papéis
Vamos precisar de

Vários tipos de papéis em tamanhos, estilos e cores variadas. Que podem ser levados pelos estudantes ou pelo professor. Tesoura, cola, estilete, régua.

Como fazer:

Formar grupos de 3 ou 4 estudantes para que conheçam e tenham contato com os vários tipos de papéis. Criar objetos, peças artesanais com esses papéis, de forma livre, observando com atenção a discussão e a criação de cada equipe. Ao final da atividade, cada grupo apresenta suas criações, sua importância e as possíveis utilidades de cada uma.

Pesquisar e descobrir

Pesquisar e escrever um texto dissertativo sobre a importância e a história do papel. Posteriormente, se possível realizar um debate para que apresentem as ideias principais para a turma.

Estudar e aprender
Importância do papel

A utilização do papel permitiu que muitas sociedades divulgassem informações e legados culturais, bem como, os registros históricos ao longo das gerações. O papel ainda tem destaque devido a sua grande utilização nos meios de comunicação e em vários setores industriais e comerciais, pois se insere nas mais diversas atividades. Apesar de todos os avanços tecnológicos, acreditamos que o papel ainda seja o suporte mais importante da comunicação, e que sem ele seria difícil registrar a história da humanidade.

Tivemos um avanço muito grande desde o surgimento do papel. No século XX, foram iniciadas práticas de manejo florestal que garantiram e garantem o fornecimento da matéria-prima (celulose) de maneira sustentável. Desde então, os materiais utilizados como suportes evoluíram de forma muito rápida, resultando hoje em um aproveitamento de espécies florestais e vários resíduos (bagaço de cana, cascas de coco, pseudocaules de bananeiras etc.) de rápido crescimento, transformando-se em papéis de alta qualidade.

O papel difundiu-se e foi adotado pelas diferentes civilizações quando surgiu a necessidade de um material mais barato. Hoje é o principal suporte que conhecemos para várias finalidades, livros, revistas, jornais, embalagens, cadernos etc.

Os principais suportes que já existiram foram o papiro, o pergaminho e o papel. E são os responsáveis por nosso desenvolvimento, principalmente em relação à comunicação. O papiro foi substituído pelo pergaminho, que mais tarde foi substituído pelo papel. Esse, por sua vez, é utilizado até hoje.

Não podemos nos esquecer que em outros momentos foram usados métodos mais difíceis e complicados de se escrever, mas todos foram de grande importância para a inovação da escrita, tais como a utilização da pedra, do bambu, de ossos, de carapaças, de argila etc.

Durante a Revolução Industrial, as máquinas ajudaram na produção do papel em larga escala, diferentemente da Revolução Tecnológica, que se torna uma ameaça à existência do papel. Não podemos afirmar que no futuro o papel será substituído pela tecnologia e por telas virtuais, pois ele continua sendo o principal meio de escrever, publicar livros, revistas, entre outros.

Apesar de todo avanço tecnológico e da possibilidade de surgir outros suportes que substituam o papel, devemos acreditar e valorizar sua importância e sua utilização. Zila Bernd, uma das autoras do livro Magia do papel disse: "Mas assim como o cinema não matou o teatro, nem o disco, a ópera ou as apresentações ao vivo, nem mesmo a televisão e o vídeo conseguiram acabar com o cinema – como foi profetizado por alguns –, dificilmente o avanço tecnológico destronará o papel".

Outros autores também defendem e acreditam no resgate da produção artesanal e na sua importância no mundo virtual que nos cerca, assim percebemos a necessidade do homem com esse resgate cultural, se relacionando com a matéria de uma forma mais espontânea, sem interferências das máquinas.

História do papel

Por meio da fala a civilização humana perpetua sua cultura, sua história, seus hábitos, crenças e conhecimentos, e preserva a história com base na memória. Mas a possibilidade dos seres humanos em rabiscar, desenhar e escrever aumentou sua capacidade intelectual em relação à utilização somente da fala, pois os símbolos exigiam muita criatividade e imaginação, o que necessitou aumentar o registro desses conhecimentos para uma permanência duradoura ao longo da história.

Surgimento da escrita

Acreditamos que a pedra foi o primeiro suporte para a escrita, usada amplamente em 6500 a.C. pelos egípcios, que registraram passagens da história em seus imensos obeliscos (monumentos de pedra).

O Egito desenvolveu sua escrita própria: a escrita hieroglífica (em grego significa escrita sagrada), da Babilônia e da Índia. Na Índia, devido ao poder religioso dos hindus e brâmanes, a tradição oral foi mantida durante muito tempo.

> Em meados do ano de 1500 a. C em Canaã surgiu o primeiro alfabeto: o alfabeto fenício. Dele derivaram os alfabetos grego, hebraico, aramaico e também o latino.

A evolução da escrita pode ser dividida em vários momentos. Primeiramente, surgiu a escrita "pictográfica", representada por signos que são compreendidos entre os povos e estabelecidos por suas convenções culturais. Em seguida, a escrita evoluiu para a escrita ideográfica, com a evolução dos signos em símbolos mais complexos, e necessitava de compreensão (a criação do primeiro dicionário). A última a surgir foi a escrita fonética, que ficou conhecida como o início do alfabeto, que contribuiu e difundiu o processo de leitura e escrita.

Antes da criação do papel existiram várias formas interessantes de registros gráficos manuais. As primeiras civilizações iniciaram seus registros nas paredes das cavernas, depois em placas de mármore ou bronze, em seguida placas de argila, cascos de tartaruga, osso, madeira e cera. Na Índia, usavam as folhas de palmeiras, os esquimós utilizavam ossos de baleia e dentes de foca. Entre outros povos era comum o uso da pedra, do barro e até mesmo da casca das árvores.

Suportes que antecederam o papel

Com a evolução das civilizações, tornou-se importante e necessária a utilização de um material mais leve, fácil de armazenar e de transportar. Na China, os livros eram feitos com conchas e cascos de tartaruga e posteriormente em bambu e seda. Estes dois últimos antecederam a descoberta do papel. Os materiais mais próximos do papel foram o papiro e o pergaminho.

O papiro foi inventado pelos egípcios e mesmo sendo muito frágil milhares de documentos feitos com o papiro chegaram até nós. O pergaminho era muito mais resistente, pois se tratava de pele de animal, geralmente carneiro, bezerro ou cabra, e tinha um custo muito elevado.

Papiro (Cyperus papyrus)

FONTE: A autora

Por volta de 3.200 a.C., os Egípcios começaram a usar o papiro como suporte (Cyperus papyrus, planta aquática que cresce nas margens de alguns rios africanos, principalmente o rio Nilo, cujos colmos podem atingir até seis metros de altura). O miolo fibroso da planta era cortado longitudinalmente em tiras, as quais ficavam dispostas em camadas perpendiculares, para serem prensadas e daí então liberarem a seiva que servia para uni-las e formar uma só folha. Depois eram polidas e alisadas com marfim ou conchas até obterem um laminado cuja superfície servia para a escrita.

O papiro foi utilizado como material de escrita por 3.500 anos e no Egito teve sua melhor qualidade. No século XI, foi substituído pelo pergaminho e pelo papel. Na Etiópia, há barcos feitos de papiro até os dias atuais, e no Egito sua produção foi reativada como atração turística.

O pergaminho é obtido da pele de animais como cabras, carneiros e vitelos (animais recém-nascidos ou ainda por nascer). Seu tratamento era feito com um raspador que retirava da pele os resíduos de gordura e carne, em seguida a pele era imersa em água com cal, deixava-se secar ao ar livre, depois esfregava com gesso e alisava.

Os suportes que antecederam o papel tinham características em comum, a complexidade na produção. Tinham peso e volume elevados, dificultando o transporte e a armazenagem. Necessitava-se de um material leve e barato para ser usado como um suporte universal.

Surgimento do papel

Segundo a lenda, antes da invenção do papel, um poderoso chinês chamado Moung-Tian conheceu o papiro usado pelos bactrianos, depois das incursões de Alexandre Magno. Moung-Tian pediu aos artesãos que procurassem entre as plantas do país uma espécie similar, mas não conseguiram obter os resultados pretendidos. Três séculos depois dos ensaios feitos sob as ordens de Moug-Tian, e da descoberta da Boata por Hian Hsin, Ts'ai-Lun conseguiu criar o primeiro papel da história a partir de fibras de vegetais extraídas de trapos, redes de pescar, casca de amoreira, rami, cânhamo e bambu. Estávamos no ano de 105 d. C. [...] A primeira fábrica de papel da história foi instalada por Ts'ai-Lun na província de Honan, no Turquestão mongol.

Foi a necessidade urgente de uma superfície totalmente nova para escrever que inspirou o chinês Ts'ai Lun 105 d.C. a proclamar oficialmente ao imperador chinês Ho-Ti o processo de produção desse novo suporte: a sua maravilhosa invenção de um verdadeiro papel-fino.

Retrato de T'sai Lun

FONTE: Asunción, 2002, p. 14

Na Grande Muralha, no Turquestão chinês, foram encontrados alguns achados arqueológicos com evidências de ensaios de investigadores anônimos que antecederam o surgimento do papel que conhecemos atualmente. Relatos afirmam que o papel mais antigo foi produzido na região de Zhongyan, em 73 a.C., de fibras de rami e bananeira, invalidando a tese de que o papel foi inventado em 105 d.C. por T'sai Lun. Na verdade, ele apenas apresentou a invenção ao imperador e estimulou sua fabricação.

Mas independentemente da verdadeira história, os primeiros papéis foram produzidos pelos chineses a partir de fibras vegetais provavelmente de amoreira, rami (Boehmeria nivea), cânhamo (Cannabis sativa L.) e redes de pesca (que eram tramadas a partir de fibras vegetais diversas como, por exemplo, o bambu – Bambusa vulgaris).

Foi justamente o extenso uso de folhas de árvores na manufatura de livros que consagrou o termo "folha" para designar as páginas de nossos livros.

O processo de produção do papel artesanal pelos chineses

O processo de produção do papel iniciava-se com o cozimento demorado das fibras que, em seguida, eram batidas e trituradas. Obtinha-se uma pasta que era então depurada e a folha se formava sobre uma peneira feita de juncos delgados unidos entre si por seda ou crina, que era colocada sobre uma armação de madeira. Sobre o molde obtinha-se então a folha formada por fibras. Procedia-se à secagem da folha, comprimindo-a sobre a placa de material poroso ou deixando-a ao ar.

Etapas da produção de papel artesanal Adaptado de: Roth, 1983, p. 28-33

A expansão do papel

A produção de papel só começa sua expansão em Samarcanda, no ano de 751 d.C. De Samarcanda o papel seguiu para Bagdá, Damasco, Cairo e Fez. Durante cerca de 500 anos o segredo de sua produção foi guardado pelos árabes, que introduziram inovações no processo, como a utilização de corantes e as medidas para as folhas de papel conforme a finalidade.

> No ano de 751 travou-se uma batalha em Samarcanda entre chineses e muçulmanos, de onde saíram vencedores estes últimos. Entre o grande número de prisioneiros chineses encontravam-se alguns artesãos do papel que, em troca de um tratamento privilegiado, revelaram os segredos do seu ofício aos muçulmanos.

O desenvolvimento da produção de papel iniciada na Europa no séc. XII foi bem significativo, acabando com o poder oriental sobre a produção de papel. A expansão dos conhecimentos sobre a manufatura do papel acompanhou a dominação muçulmana ao longo da costa norte da África até a Península Ibérica.

A expansão do papel na Europa foi lenta devido ao seu preço e aos preconceitos da nobreza de alguns países (que consideram seu uso indevido por ser fabricado por judeus e árabes). A introdução do papel nos países asiáticos foi mais rápida.

Em 1719 um Francês chamado Réaumur observou vespeiros percebeu que a madeira poderia ser utilizada como fonte de matéria-prima para produção de papel

FONTE: Gatti (2007, p. 26).

Em 1450, a invenção da imprensa por Gutenberg foi fundamental para sucesso do uso do papel como suporte para escrita, contribuindo para o barateamento do papel. Gradualmente, o nível de alfabetização se elevou, horizontalizando o conhecimento e declinando o poder da Igreja, centro emanador da cultura e poder. Até o final do séc. XVIII só existia papel feito à mão. Mas com o desenvolvimento das grandes indústrias papeleiras, os moinhos tradicionais foram desaparecendo, chegando quase à extinção. Atualmente é papel contínuo fabricado de maneira mecânica que ocupa praticamente todo mercado ocidental.

Na História do Brasil, o papel surge após os tempos do descobrimento, não se tem registros de processos de manufatura de papel antes da colonização nem mesmo depois, já que não houve a instalação de moinhos papeleiros.

A produção de papel aumentou a partir de 1808, com a chegada da corte portuguesa no Rio de Janeiro, e com a construção da imprensa Régia por Dom João VI. A concorrência do papel importado foi um grande obstáculo para o desenvolvimento da indústria nacional.

A instalação do Papel e Salto em 1889 marca o início da industrialização do papel, tornando-a pioneira na fabricação do produto do Brasil. Em 1890 foi instalada em Caieiras a Indústria de papel da Companhia Melhoramentos de São Paulo. Em 1957, surge a fábrica pioneira de celulose de eucalipto, a Companhia Suzano de Papel e Celulose.

Apesar do avanço da industrialização do Brasil o papel surge na segunda metade do século XX, para suprir demandas artísticas e artesanais, e iniciar as discussões sobre a produção de papel de forma sustentável.

Agir em Sociedade

1. Acordar para vida

Você já percebeu, no seu dia a dia, quantos "toques de despertar" a vida lhe oferece?

Já se deu conta da quantidade de lições advindas das suas dificuldades e daqueles inevitáveis aborrecimentos? E os momentos felizes? Você já parou para agradecer pelas alegrias que o surpreendem? É... A vida sempre traz ensinamentos nos mínimos detalhes. Importante é saber que é você quem escolhe como será o seu despertar para o verdadeiro sentido da sua existência, aqui e agora! Quer ser como um girassol ou como uma pedra? Acordar para a vida é permitir ser feliz e buscar caminhos para compartilhar essa felicidade.

Como a vida que você vive é fruto de sua própria escolha, na maior parte é inconsciente do cotidiano de cada um. Conheço duas formas bem interessantes de acordar para a vida: a primeira é acordar "pelo amor", assim como um girassol acorda a partir do toque de um simples raio de sol... A outra maneira é acordar "pela dor", assim como uma pedra, que precisa de uma dinamite... Neste "sistema", a pessoa já acorda toda despedaçada!

Se não o estiver satisfazendo hoje, escolha mudar, testar novas atitudes, conviver de forma mais amigável, falar "não" quando necessário, e, acima de tudo, cultivar o perdão, porque mágoas, culpas e desejos de vingança são caminhos que levam a doenças e ao fracasso profissional e pessoal.

Acorde para a vida enquanto é tempo, enquanto você pode se reconciliar com os seus desafetos, enquanto você pode se perdoar pelos seus deslizes e comece um novo capítulo de sua existência a cada despertar matinal. Acorde para a vida, encontre-se consigo mesmo e descubra quão rico de potencialidades você é e quão longe você pode caminhar!

Os japoneses nos ensinam: "Hoje melhor do que ontem; amanhã melhor do que hoje!". Você é o autor de sua vida! Portanto, escolha escrever uma história fantástica de realizações, amor e pleno sucesso! Complemento esta reflexão com um belo texto de autor desconhecido. Você sabe o que significa a palavra acordar? Vamos fazer uma brincadeira e separar em sílabas a palavra acordar: a-cor-dar. Viu? Significa dar a cor. Colocar o coração em tudo o que se faz. Há pessoas que acordam às seis horas da tarde. É isso mesmo! Pela manhã, caem da cama, são jogadas da cama, mas passam o dia todo dormindo.

O engraçado é que os dias são todos exclusivos. Cada dia é um novo dia, ninguém o viveu. Ele está ali, esperando que eu e você façamos com que seja o melhor das nossas vidas. Os meus dias são os mais lindos da face da Terra porque eu os faço ser os mais lindos da face da Terra.

Acredite em você! O Universo é o limite! Dê a você a oportunidade de "a-cor-dar" todos os dias e compartilhar com o outro o que Deus nos dá de melhor: o direito de ser e fazer os outros felizes.

Texto de Eliana Barbosa retirado da Revista NOSSO PAPEL,
EDIÇÃO 16, JANEIRO/FEVEREIRO, 2008.
Contato: elianaconsultora@terra.com.br.

2

O papel de fibra de bananeira

Refletir e Questionar

Os termos reutilização, reaproveitamento e reciclagem estão "na moda", mas qual será a real importância dessas ações para o mundo em que vivemos? Será que se fala muito e ainda se faz pouco? Precisamos distinguir as atitudes que realmente vão favorecer a preservação do ambiente em que vivemos, começando por ações que estão ao nosso alcance.

Qual matéria-prima é mais utilizada na fabricação de papel? É um recurso que pode acabar?

Será que a reciclagem de papel é uma ação válida para diminuição do desmatamento? Além de reciclar, será que podemos reaproveitar outras matérias- primas para produzi-lo? Quais seriam essas matérias-primas?

Pesquisar e Descobrir

Pesquisar sobre:

- A bananicultura no Brasil e em Goiás. Como se planta, como se cuida, como acontece a exportação e importação, quais o clima e as regiões propícias para esse ramo da agricultura.

- O modo de vida das pessoas, famílias e comunidades que trabalham com essa atividade. Como são descartados os resíduos da bananicultura e suas implicações para o ambiente.

- A produção de papel a partir da fibra de bananeira no Brasil e em Goiás e características das bananeiras.

 Investigar e Experimentar

1. A bananeira e sua estrutura

O que vamos precisar:

- Uma muda de bananeira
- Um umbigo (coração) de bananeira Uma faca
- Luvas
- Um microscópio (se tiver)

Como Fazer:

- Analisar a muda de bananeira e conhecer suas partes com seus respectivos nomes e utilidades.
- Abrir o umbigo para conhecer as flores da bananeira.
- Se tiver um microscópio, cortar parte da folha e do pseudocaule para fazer uma análise da estrutura vista no microscópio.

Discutir, pesquisar e descobrir:

1. O que a madeira tem em comum com a bananeira?
2. Será que espécie da bananeira terá alguma influência na produção do papel artesanal?

3. Podemos utilizar outras partes da bananeira para produção de papel além do pseudocaule?
4. O que podemos ver na imagem microscópica do corte do pseudocaule caso essa etapa seja feita?
5. Qual será a composição química das fibras?

2. Desidratação de bananas

O que vamos precisar:

- Uma estufa para desidratação de alimentos[1] Bananas maduras
- Uma faca, luvas

Como Fazer:

- Lavar as bananas e descascá-las
- Colocá-las na estufa, de preferência em um dia ensolarado.

Discutir, pesquisar e descobrir:

Depois de desidratadas qual a melhor maneira de guardá-las?

Quais as maneiras que podemos conservar os alimentos?

Qual a função da estufa nesse processo?

Podemos comparar esse processo com algum fenômeno da natureza?

 Estudar e Aprender

História do papel de fibra de bananeira em Goiás

A primeira fábrica no Brasil que usou a fibra de bananeira foi construída em 1843 em Conceição da Bahia. A fábrica do Engenho utilizou "troncos"[2] de bananeiras para fazer papel-jornal utilizados na impressão de periódicos e livros, mas não tinha condições de competir com o papel importado, que tinha um preço mais acessível.

---

1 Faça uma pesquisa na internet para descobrir como montá-la.
2 O nome correto é pseudocaule de bananeira.

Logo em seguida da República de 1922, apesar do apoio e estímulo de Dom Pedro I ao trabalho desenvolvido pelas indústrias nacionais, elas faliram.

As primeiras iniciativas na área de produção de papel artesanal em Goiânia foram por meio do trabalho realizado por Miriam Helena Pires, nascida em 1963 em Minas Gerais, graduada em Artes Visuais e que desde 1983 pesquisa o papel artesanal.

A profa. Edith Lotufo se formou na Alemanha em Educação Artística em 1975, e foi professora na Universidade Católica de Goiás, ministrou várias disciplinas no curso de Design e foi uma das coordenadoras desse curso. Ela aprendeu a fazer papel com o objetivo de montar uma oficina no Centro de Estudos, Pesquisa e Extensão Aldeia Juvenil – CEPAJ – PUCGOIÁS no programa "Educação pelo trabalho" para jovens e adolescentes da comunidade. Desse trabalho três jovens papeleiros se destacaram: Claiton Alves, Sérgio Ferreira e Alexandre Ferreira, que deram vários cursos, inclusive para a arquiteta Lorena Lobo, que ministrou a disciplina "Oficina de papel artesanal" no curso de Design da PUC-GOIÁS.

Prof. Edith. Fonte: Edith Lotufo

Desse trabalho três jovens papeleiros se destacaram: Claiton Alves, Sérgio Ferreira e Alexandre Ferreira, que deram vários cursos, inclusive para a arquiteta Lorena Lobo, que foi professora da disciplina "Oficina de papel artesanal" no curso de Design da PUC-GOIÁS e atualmente assessora de grupos de produção de papel juntamente com o SEBRAE.

Em 2002, a Profa. Edith ministrou uma oficina de produção de papel com o objetivo de diversificar a produção da cooperativa COOPREC (Usina de Reciclagem localizada em Goiânia-GO) – que até então só realizava reciclagem de papel para produção de telhas e plásticos de baixa densidade para produção de mangueiras.

Maria e Guiseppe na Feira do Cerrado. Fonte: Edith Lotufo

A cooperativa então expandiu sua produção em 2003, com o início da produção de papel artesanal a partir da fibra de bananeira. A Profa. Edith realizou assessoria na Implantação do Núcleo Artesanal de Reciclagem, onde se produziu papel artesanal para revestimentos de peças produzidas por papelão.

Por meio da oficina realizada no Centro de Estudos, Pesquisa e Extensão Aldeia Juvenil – CEPAJ, um casal de artesãos, Maria de Jesus e Giuseppe, teve conhecimento e aprendeu a fazer o papel artesanal. Eles foram produtores artesanais do papel a partir da fibra de bananeira, e tiveram esse trabalho como fonte de renda principal.

O casal produzia em casa e vendia as peças em feiras de produtos artesanais, como a Feira do Cerrado, realizada em Goiânia. Em março de 2007, os estudantes do Ensino Médio do Colégio Estadual Jardim América, com orientação da professora Nília Lacerda realizaram uma visita na cooperativa COOPREC. Nessa visita tiveram a oportunidade de conhecer essa produção, fato que chamou a atenção de todos os estudantes e motivou um grupo do 3º ano do Ensino Médio a preparar um trabalho a ser apresentado em uma Mostra Científica, com o título "Fibra de bananeira – um papel importante".

O sucesso do trabalho se estendeu com aprofundamento nos anos de 2008 e 2009 como tema de pesquisa de mestrado da Profa. Nília Oliveira Santos Lacerda pelo Programa de Pós Graduação em Ensino de Ciências – UnB, e teve como resultado a elaboração dessa obra. E em 2010 se tornou uma disciplina eletiva no Ensino Médio em um Colégio Estadual no Município de Goiânia-Goiás. De 2014 a 2016 diversas oficinas sobre o tema foram ministradas em vários Eventos Científicos e em Universidades. E tem como próximas etapas os estudos aprofundados e específicos de cada etapa da produção, sua otimização, melhorias e novas possibilidades de produção e utilização de forma sustentável.

Importância do papel da fibra de bananeira

O tempo em média para retirada dos cachos das espécies de bananas cultivadas no Brasil são dezoito meses. Esse pseudocaule após a retirada do cacho não gera mais frutos, ele é cortado e se deixa cerca de 50 cm para nutrir os brotos em crescimento. Esse material que é descartado deve ser retirado do local antes do seu apodrecimento para que não aconteça a proliferação de insetos indesejáveis, principalmente da "broca" (Cosmopolites sordidus), que se alimenta de restos das bananeiras e pode destruir toda a plantação.

Podemos constatar algumas informações importantes a respeito do reaproveitamento do pseudocaule na produção de papel artesanal, pois a produção da bananicultura resulta em grande quantidade de matéria vegetal, acumulada no solo após a colheita dos cachos, e gera muitos resíduos vegetais (folhas, pseudocaule e engaço) pelo grande volume gerado e por não ser aproveitado pode se tornar um problema para o ambiente. A alternativa de utilizarmos esse resíduo na produção de polpa celulósica torna-se uma solução sustentável do ponto de vista ambiental, em que se prioriza o reaproveitamento.

O resgate das técnicas artesanais nos faz perceber que apesar de todo avanço tecnológico os princípios da produção de papel continuam os mesmos. A produção artesanal inicia-se com a retirada do pseudocaule, que é cortado verde após a colheita do cacho. Após o corte, o pseudocaule é picado em pedaços menores. A segunda etapa é o cozimento e a terceira etapa é a preparação da polpa (trituração e lavagem). Em seguida, a polpa é diluída em água, e com as telas é preparada a folha para a secagem.

O papel artesanal então produzido pode apresentar diferentes texturas, e pode ser empregado em cúpulas de abajures e luminárias, cartonagens, cartões especiais e é base para trabalhos artísticos desenvolvidos na escola.

O papel da fibra de bananeira é muito importante para as novas tendências de utilização de fibras naturais na fabricação de papel. Assim, é uma reaproximação do homem com a natureza, que busca novas fontes de materiais naturais e o resgate de técnicas tradicionais, em contraposição à produção para consumo exagerado de celulose. Isso ajuda a transformar nosso ambiente com atitudes ecologicamente saudáveis a partir do reaproveitamento e da valorização da produção de papel artesanal.

Bananeira: Um pouco de história

Foto: Nília

A palavra banana tem origem africana. A fruta também é conhecida pelos nomes banano, plátano, gruneo e cambure. A banana é considerada uma das primeiras frutas utilizadas na alimentação humana. O cultivo de bananas pelo homem teve início na Ásia. A banana é mencionada em documentos escritos, pela primeira vez na história, em textos budistas de cerca de 600 a.C. Sabe-se que Alexandre, o Grande comeu bananas nos vales da Índia em 327 a.C. Em 650, os conquistadores Islâmicos trouxeram a banana para a Palestina. Foram, provavelmente, os mercadores árabes que divulgaram a banana por grande parte de África. Nos séculos XV e XVI, colonizadores portugueses começaram a plantação sistemática de bananais nas ilhas atlânticas, no Brasil e na costa ocidental africana.

A bananeira tem comportamento de planta **perene**[3] e anual ao mesmo tempo. Apesar de um bananal ser perene, sua duração é de vários anos produzindo muitos cachos, a cada safra ele se renova com emissão de novas plantas ou filhotes.

Os filhotes ou rebentos são produzidos por gemas (pontos de crescimento) localizadas quase sempre abaixo da superfície do solo. A partir da variedade, podem ser emitidos muitos filhotes por planta-mãe.

A bananeira possui **caule** subterrâneo, e as **bainhas** formam o pseudocaule, que se expandirá em enormes limbos. Um ramo caulinar cresce a partir do **rizoma** por entre as bainhas para produzirem um cacho de flores (**coração, ou umbigo**) e depois os frutos (**cacho de bananas**).

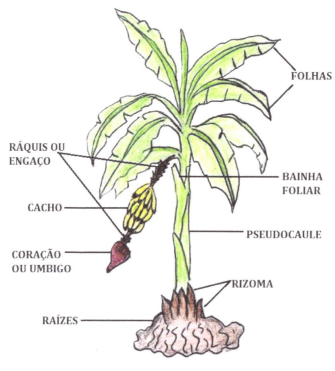

Fonte: A autora

---

3   **Perene** (do latim per, "por", annus, "anos") é a designação botânica dada às espécies vegetais cujo ciclo de vida é longo, que lhe permite viver por mais de dois anos, ou seja, por mais de dois ciclos sazonais. Não caem as folhas, as folhas persistem.

- **Pseudocaule** – É uma estirpe ou "tronco" em formato de um cilindro irregular, formado por bainhas foliares sobrepostas, tendo em seu interior o "palmito" ou coração central. No prolongamento das bainhas foliares, encontram-se as folhas. Uma planta pode emitir de 30 a 70 folhas, com aparecimento de uma nova folha a cada 7 a 11 dias.

- **Folha** – é constituída pela bainha, o pecíolo e o limbo. A bainha da folha é longa, reta, com bordos retilíneos.

- **Inflorescência** – É denominada rácimo (ou cacho), é constituída pelo pedúnculo floral (engaço), pencas, ráquis (eixo primário em que se encontram as flores da inflorescência) e o coração (umbigo, formado pelas flores masculinas).

- **Fruto** – São formados por pseudobagas que se agrupam até cerca de vinte bananas em "pencas". Os cachos de bananas, pendentes na extremidade do falso caule da bananeira, podem ter 5 a 20 pencas e podem pesar de 30 a 50 kg. Cada banana pesa, em média, 125g, com uma composição de 75% de água e 25% de matéria seca. São uma fonte apreciável de vitamina A, vitamina C, fibras e potássio.

O pseudocaule

O pseudocaule da bananeira é descartado após a colheita da fruta e é considerado um resíduo pelo grande volume gerado e por não ser aproveitado. Por essa razão e por ser constituído de material fibroso, serve para produção de papel artesanal.

> **A produção mundial de banana é de aproximadamente 64,6 milhões de toneladas por ano. A índia está em primeiro lugar com 13,9 milhões de t/ano, em segundo está o Equador com 6,8 milhões de t/ano e em terceiro encontra- se o Brasil com 6,3 milhões de t/ano.**

A utilização do pseudocaule como matéria-prima para produção de papel possibilita agregar valor a um resíduo. E assim gera a minimização de impactos ambientais negativos, que evita que os resíduos da bananicultura permaneçam nos bananais, o que favorece o desenvolvimento de organismos indesejáveis e de animais peçonhentos. O pseudocaule representa uma fonte alternativa de fibra longa para produção de papéis especiais.

Do pseudocaule da bananeira é possível extrair vários tipos de fibras, mas todas essas características dependem da espécie, das condições climáticas e do tipo de solo. Algumas das características gerais são fibras longas e amareladas, branqueadas facilmente, sedosas e brilhantes, com tamanhos de 2nm a 8nm, são resistentes e elásticas.

Etapas da produção artesanal do papel a partir da fibra de bananeira

Corte
O pseudocaule é cortado manualmente em pedaços pequenos, colocado em uma bacia com água até o momento do cozimento. Geralmente o corte é feito no dia que é retirado, estando ainda fresco. O corte e o cozimento são realizados em um dia e o restante do processo no dia seguinte.

Cozimento
Acrescenta-se água, pois a bananeira possui alta umidade, sendo que cerca de 80% do seu peso é água. Para uma lata de 18 litros, acrescentam-se 9 litros de água e em média 200 gramas de NaOH (hidróxido de sódio). O tempo de cozimento para cada lata de 18 litros é em média 03 a 04 horas.

Filtração
Depois que a fibra estiver cozida, espera-se o licor (ou caldo) esfriar. E em seguida realiza-se a filtração em sacos de algodão para a retirada do primeiro licor, que fica reservado em um balde ou bacia para ser tratado na etapa seguinte.

Lavagem e maceração
Após a retirada do primeiro caldo ou licor, inicia-se a lavagem. São realizadas em média três lavagens. Esses processos são realizados em sacos de algodão necessários para a retirada do licor escuro e resíduos da soda cáustica. Nessa etapa utilizamos os EPI necessários: luvas e aventais. Como não temos uma máquina refinadora, substituímos essa etapa por uma maceração manual. Durante a lavagem "esprememos" e "amassamos" a fibra para realizar a desagregação inicial, em que as fibras ficam mais "soltas".

O papel de fibra de bananeira

Neutralização do licor
É necessário neutralizar o licor do cozimento antes de descartá-lo para diminuir o descarte de materiais que causem danos ao ambiente. Utilizamos vinagre para neutralizar o caldo e fita de pH para realizar as medições. O ideal é que o pH esteja entre 6 e 8 para que a solução possa ser descartada.

Desagregação das fibras
Para desagregação e homogeneização das fibras, se utiliza um liquidificador industrial. Nessa etapa temos o cuidado de observar como ficará nossa polpa, se mais fina (obteremos papel mais fino) ou mais grossa (obteremos papel mais grosso).

Branqueamento
Quando se faz necessário obter papéis em tons mais claros, realizam-se alguns procedimentos para "clarear" as folhas de papel. Utiliza-se água sanitária comercial, que contém hipoclorito de sódio em concentrações que causam menos danos ao ambiente quando descartados na rede de esgoto.

Obtenção do papel
Em seguida, a fibra é transferida para uma tina, com o auxílio de baldes. Com o auxílio de telas de madeira, prepara-se para formar as folhas. As telas e os moldes são de tamanho 40 x 50 cm, sempre em pares, sendo uma tela forrada com nylon e a outra sem nylon, cuja função é reter as fibras dentro do molde. A tela é introduzida de forma inclinada na cuba, e são feitos movimentos horizontais para que as fibras se entrelacem. Em seguida, retira-se verticalmente a tela permanecendo com ela paralela, para que toda água escorra.

Secagem
Secam-se os papéis direto nas telas. Por isso a produção fica limitada à quantidade de telas que se tem. Se tiver prensa, retira-se a tela da tina e coloca-se na prensa para secar.

Fotos: Os autores

Sugestões

- Se tiver espaço suficiente em sua escola, planeje uma plantação de bananeiras, servirá como matéria-prima para a produção de papel e a banana produzida enriquecerá o cardápio da cantina da escola.

- Devido à riqueza de informações interdisciplinares relacionadas com Biologia e Geografia, convide os professores dessas disciplinas e outros que achar pertinente para discutir e planejar o desenvolvimento desse tema, enriquecer assim seu trabalho e tornar o aprendizado dos estudantes mais significativo.

- Na seção "Investigar e Experimentar" dessa unidade é interessante explorar o funcionamento da estufa e compará-lo com os processos de aquecimento global e mudanças climáticas. E também sobre os processos de conservação dos alimentos.

 Agir em Sociedade

2. COMO CONSUMIR DE FORMA CONSCIENTE

Podemos melhorar nossa qualidade de vida e preservá-la ao mesmo tempo com atitudes conscientes que muitas vezes pensamos não fazer diferença. Atitudes simples como diminuir o uso de embalagens e aumentar a sua reutilização, economizar água no banho, valorizar e incentivar a reciclagem de papéis e outros materiais recicláveis fazem uma grande diferença. O consumismo é um grande inimigo do nosso ambiente.

São ainda condutas simples: evitar o consumo exagerado e o desperdício de recursos essenciais como água e energia; prolongar a vida útil dos materiais, diminuir a produção de lixo. Utilizar papéis frente e verso, por exemplo, evita a derrubada de várias árvores. Com essas atitudes é possível conseguir bons resultados na economia dentro de casa, no bairro, na comunidade, na cidade, país e até no mundo. Valores como ética e solidariedade são importantes para nos tornarmos pessoas realmente preocupadas tanto com o ambiente em que vivemos quanto com as gerações futuras também.

É necessário trabalharmos coletivamente com a ideia de consumo consciente, preocuparmo-nos com impactos socioambientais de produtos, pois estamos sempre ameaçados por uma possível crise energética, desastre ambiental, seca, enchentes etc.

Uma opção é trabalhar as discussões sobre sustentabilidade e reaproveitamento, e nessa temática podemos incluir o reaproveitamento do pseudocaule da bananeira para a produção de papel artesanal para mostrar que alternativas para evitar o consumo exagerado de árvores e desmatamento são possíveis. Podemos também diminuir a utilização de papéis: utilizar frente e verso, imprimir somente o necessário, diminuir a quantidade de cartazes, adotar outras técnicas de apresentação de trabalhos escolares, essas são atitudes que estão ao nosso alcance tomar, e são importantes para todos nós.

Se pudermos evitar o desperdício, é possível satisfazer nossas necessidades e, ao mesmo tempo, preservar o ambiente, para garantir, assim, recursos e qualidade de vida para as próximas gerações.

Mas, para que aconteça uma transformação do modo de consumo individual e da comunidade, é preciso uma relação dessas transformações com mudanças e leis decorrentes das políticas públicas. Precisamos transformar nosso ambiente para que o consumo consciente seja eficaz e não prejudique aqueles que optam por fazer sua parte.

Texto **baseado e adaptado** do Caderno de Econegócios – jornal A tarde 30/10/07. Disponível em: http://engajamentocidadao.spaceblog.com.br/101959/Como-consumir-de-forma-consciente/. Acesso em: 25 ago. 2009.

Delimitar um problema e procurar soluções...

O que você pensa sobre o desperdício?

O que é mais desperdiçado em sua casa? E na escola?

Na sua casa são consumidas muitas embalagens descartáveis de papel, plástico e vidro?

Você e sua família reutilizam algum tipo de embalagem? Se reutiliza, de que forma?

De que maneira você acha que pode diminuir o desperdício? Quais embalagens poderíamos diminuir o uso? E na escola, quais atitudes poderíamos tomar para diminuir o desperdício?

Partir para as ações...

Pesquise em sua escola sobre a preocupação dos funcionários, professores e equipe gestora sobre o que pensam a respeito do desperdício, e o que é feito na escola para diminuí-lo.

Elabore com seus colegas algumas atitudes que ajudariam a diminuir o desperdício na escola.

3

Constituintes do papel

Refletir e Questionar

Pegue uma folha de papel... O que podemos ver? De onde vem a principal matéria-prima para a produção de papel?

Você pode imaginar de que é formada a folha branca de caderno que você usa todos os dias? Será que é formado por átomos, substâncias ou moléculas? Que estruturas são capazes de formar uma folha de papel?

Pesquisar e descobrir

Pesquisar sobre os constituintes químicos e suas estruturas, características e propriedades químicas. Peça aos estudantes para expor os nomes dos principais constituintes do papel e de onde eles podem ser retirados.

Pesquisar sobre monômeros e polímeros naturais e artificiais e descrever sobre os mais importantes e suas utilizações.

Estudar e Aprender

O que é o papel?

Se for analisado do ponto de vista macroscópico (que podemos ver a olho nu), o papel pode ser definido como um material muito higroscópico (que absorve água) formado por uma película de **fibras** de **celulose**, **polissacarídeo** de **fórmula ($C_6H_{10}O_5$)n**, as quais são obtidas por meio do cozimento, e podem ser refinadas, emaranhadas e agregadas basicamente por ligações químicas de **ligações de hidrogênio**.

O papel é feito de celulose, **polissacarídeo linear**, e todas as plantas têm celulose, em menor ou maior grau de concentração. A lignina, também presente em todas as plantas, com concentração também variada, é um **polímero** amorfo e de composição química complexa, e dá rigidez e firmeza ao conjunto de fibras de celulose. São considerados materiais orgânicos.

Submicropicamente, o papel é formado por tipos diferentes de **macromoléculas**. Estas são moléculas grandes chamadas de **polímeros** formadas com estrutura repetidas de pequenas unidades. A celulose, além de possuir propriedades aderentes e elásticas, é um material resistente com várias **ligações intermoleculares e intramoleculares**. Várias dessas ligações são rompidas durante a produção de papel, a um alto consumo de energia.

Utiliza-se água para criar novas **ligações moleculares** juntamente com a secagem, que contribui para a formação do papel, um produto bastante diferente em suas propriedades quando comparado à madeira original. Todo o processo é um rompimento e formação controlada de ligações.

As **macromoléculas** são formadas por inúmeros elementos químicos, mas os três principais elementos que constituem o papel são: carbono, hidrogênio e oxigênio. Além desses principais o papel pode conter materiais inorgânicos como carga mineral que se aderem facilmente às fibras. A produção de papel, seja ela industrial ou artesanal, é um processo complexo, e do ponto de vista químico com **muitas possibilidades de ligações e quebras de ligações.**

Os principais constituintes do papel são: a **celulose, a hemicelulose, a lignina** e outros extrativos em proporções menores: ácidos voláteis, hidrocarbonetos, álcoois, cetonas, lactonas, terpenos, ácidos resinosos, ácidos graxos (ácidos oléico, linoléico, palmítico, esteárico etc.), esteroides, taninos, compostos inorgânicos (< 1%) são constituídos principalmente de sulfatos, fosfatos, oxalatos, carbonatos e silicatos de Ca, K e Mg.

A celulose é extraída dos vegetais, ou seja, é um material natural. É um dos principais componentes das células vegetais e são chamadas de **fibras**.

Então vamos entender...

O que são polímeros, polissacarídeos e macromoléculas?
Como se forma a celulose?
O que são hemiceluloses? E qual a função da lignina?
O que são fibras?
O que e quais são as ligações presentes na estrutura da celulose?

As macromoléculas são formadas por meio de ligações covalentes (formadas por compartilhamento de elétrons), entre várias moléculas menores, e podem conter centenas ou milhares de átomos. Os polímeros (do grego, poli= muitas, e meros= partes) são constituídos por quantidades diferentes que se repetem de macromoléculas, e estas são formadas por monômeros. Por isso, nem toda macromolécula é um polímero porque algumas se formam por unidades que não se repetem.

Seria interessante nesse momento, se o professor achar necessário, retomar ou iniciar uma breve explanação sobre ligações químicas

As reações para a formação de polímeros são denominadas **reações de polimerização**. A partir do controle das condições nas quais essas reações ocorrem, é possível obter moléculas maiores ou menores.

Embora parecidas, as macromoléculas são diferentes em quantidade de monômeros. Por isso, os polímeros são chamados de **materiais**, pois não são formados por um único tipo de constituinte, uma vez que no processo de polimerização são formadas moléculas de diferentes tamanhos. Em um polímero podemos encontrar moléculas com 10 000 metros, outras com 10 010, outras com 10 050, e assim por diante.

A celulose é um **polímero** de cadeia longa composto por um único monômero. Ela é o componente estrutural primário das plantas. Polissacarídeos são carboidratos que, por meio de hidrólise, originam uma grande quantidade de monossacarídeos. Eles são polímeros naturais, por exemplo, por meio da **hidrólise** da celulose, obtém-se um polímero da glicose (Celulose + n $H2O \rightarrow$ n glicose).

$$(C_6H_{10}O_5)n + n\,H_2O \rightarrow n\,C_6H_{12}O_6$$

Celulose   **Glicose**

Os polímeros são compostos químicos de elevada massa molecular relativa, resultantes de reações químicas de polimerização (reação química que dá origem aos polímeros). Os monômeros são pequenas moléculas que podem ligar-se a outros monômeros formando moléculas maiores denominadas polímeros.

Devido à textura fibrosa da celulose, ela pode ser utilizada na indústria têxtil em tecidos como algodão, linho e seda sintética, e é encontrada em toda planta na combinação de lignina com qualquer hemicelulose.

A celulose é um polissacarídeo linear, constituído por um único tipo de unidade de açúcar, e é formada por unidades de monossacarídeos **D - glicose**, que se ligam entre si por meio dos carbonos 1 e 4, originando um polímero linear.

$$
\begin{aligned}
&H - C^1 = O\\
&H - C^2 - OH\\
&HO - C^3 - H\\
&H - C^4 - OH\\
&H - C^5 - OH\\
&H - C^6 - OH\\
&\qquad H
\end{aligned}
$$

Fórmula da D-glicose: cadeia aberta

Fórmula estrutural da D-glicose

As várias unidades de **D - glicose** (monossacarídeo) se ligam para formar a celulose (polissacarídeo), essas ligações acontecem por meio dos carbonos 1 e 4. O prefixo D refere-se à **atividade óptica** da glicose. Na molécula de glicose, o carbono 2 é assimétrico (Carbono saturado que possui os quatro ligantes diferentes). Quando o grupo hidroxila deste carbono está representado no lado direito, tem-se a D-glicose (D de dextrógiro); quando a hidroxila está do lado esquerdo, denomina-se L-glicose (L de levógiro).

> *SUBSTÂNCIAS OPTICAMENTE ATIVAS* **são aquelas que têm propriedade de girar o plano de vibração da luz polarizada. Quando o desvio se dá no sentido horário, a substância opticamente ativa é chamada dextrógira ou dextrorotatória (D); quando o desvio se dá no sentido anti-horário, é chamada levógira ou levorotatória (L). As substâncias opticamente ativas são as que apresentam quirilidade (de "quiros" = mão). As moléculas que apresentam quirilidade são as que não podem ser superpostas átomo a átomo, à sua imagem no espelho. A mão esquerda é a imagem de espelho da mão direita e não podem ser superpostas. Normalmente, a quirilidade é causada pela presença de átomos quirais (ou assimétricos) na molécula, ou seja, o átomo que se liga a quatro ligantes diferentes.**

Estrutura da celulose e as ligações de hidrogênio

Para se formar a celulose, são necessárias várias reações entre hidroxilas do carbono 1 com hidroxilas do carbono 4 de outras β-D-glicose, originando um polímero linear formado exclusivamente por unidades de β-D-glicose.

Na molécula de celulose, cada unidade de glicose contém três grupos hidroxilas livres ligados aos carbonos 2, 3 e 6, respectivamente.

As moléculas de celulose tendem a formar **ligações de hidrogênio** intramoleculares (entre unidades de glicose da mesma molécula) e intermoleculares (entre unidades de glicose de moléculas adjacentes). O primeiro tipo de interação é responsável pela rigidez das cadeias unitárias e o segundo pela formação da fibra vegetal, ou seja, as moléculas de celulose se alinham, formando as microfibrilas, as quais formam as fibrilas que, por sua vez, ordenam para formar as sucessivas paredes celulares da fibra.

> **Seria interessante nesse momento o professor explicar sobre ligações intermoleculares dando um maior enfoque às ligações de hidrogênio.**

A ligação de hidrogênio é considerada o tipo de ligação química mais importante na formação do papel. A estrutura final do papel depende das ligações de hidrogênio, mas existem alguns fatores que são fundamentais durante o processo. Na secagem podemos perceber a importância da tensão superficial, do encolhimento das fibras, das forças aderentes, e da adesão. O hidrogênio está em todas as ligações das fibras que unem as superfícies celulósicas – não só para ligar as fibras, mas também mantendo ligadas as fibrilas no interior das fibras, as microfibrilas dentro das fibrilas, e o cristalino da celulose no interior das microfibrilas.

Hemiceluloses

As hemiceluloses são um grupo de polissacarídeos heterogêneos de baixa massa molecular, encontradas na parede celular de plantas inferiores e em fibras internas da casca de árvores. A hidrólise de hemiceluloses fornece uma mistura de unidades de açúcares em proporções variadas de: β-D-xilose, β-D-manose, β-D-glicose, α-L-arabinose, α-D-galactose, ácido β-D- glucourônico, ácido β-D-galactourônico e ácido α-D-4-0-metilglucourônico.

> **As hemiceluloses são polímeros, nos quais participam pelo menos dois tipos de unidades de açúcar. Assim, as hemiceluloses isoladas das madeiras são misturas complexas de polissacarídeos. É bom lembrar que o termo hemiceluloses não designa um composto químico definido, mas sim uma classe de componentes poliméricos presentes em vegetais fibrosos**

Lignina

A lignina é um polímero de composição química complexa e que confere firmeza e rigidez às paredes das células vegetais, ou seja, as fibras de celulose, que atuam como agente de ligação entre elas e formam uma estrutura resistente. As ligninas estão sempre associadas às hemiceluloses, não apenas por meio de interação física, como também de ligações covalentes. Reage na presença de oxigênio e luz (solar ou a luz visível de baixo comprimento de onda entre 400 e 500nm, bem como a radiação UV e, que dá origem aos grupos cromóforos (que transmitem cor). Esse fenômeno pode ser visto quando se coloca um jornal exposto ao sol, percebemos que ele rapidamente adquire uma cor amarelada, e evidencia uma reação fotoquímica (Reação química induzida por luz) da lignina. Por isso suas características ópticas são prejudiciais à fabricação de um papel mais branco e flexível.

A lignina é como o cimento que une as fibras de celulose, o principal componente responsável pela produção de papel. Como a lignina prende essas fibras, estas devem ser retiradas para que aconteça a liberação das fibras e o papel seja produzido

Alguns tipos de papéis podem se tornar mais fracos ou quebradiços, são aqueles que possuem alto teor de lignina, e geralmente são os produzidos das pastas chamadas de alto rendimento ou pastas mecânicas. Esse fato foi muito observado no final do século XIX e início do século XX nos livros

Impressos, quando o processo de polpação química da madeira ainda não estava bem desenvolvido. Pode-se sentir um forte odor característico dentro de uma biblioteca com acervo mais antigo devido à acidez do papel que surge por meio da umidade.

A lignina tem uma função importante no transporte interno de água, nutrientes e metabolitos. Tecidos lignificados resistem ao ataque por micro-organismos, impedindo a penetração de enzimas destruidoras da parede celular. Estão sempre ligadas com as hemiceluloses por forças intermoleculares e também por meio de ligações covalentes. Podem ser classificadas em lignina das gimnospermas ou coníferas, das angiospermas ou folhosas, e das gramíneas.

Investigar e Experimentar

PODER DE ABSORÇÃO DOS PAPÉIS

Vamos precisar de

Pedaços pequenos de
- Guardanapo Folha de caderno
- Saco de papel de padaria
- Papel encerado (pegue um papel comum branco e passe uniformemente giz de cera sobre ele)
- Papel da fibra de bananeira Saco plástico (sacola plástica)

Como fazer:
- Coloque os diferentes pedaços de papel e o saco plástico lado a lado.
- Divida-os ao meio.
- Pegue a primeira metade e tente rasgar. Observe.
- Pegue a segunda metade e pingue algumas gotas de água sobre cada um deles até ficarem levemente umedecidos e espere alguns minutos. Observe.
- Rasgue os papéis umedecidos e compare com os papéis secos que foram rasgados. Anote suas observações.

Discutir, pesquisar e descobrir:

1. Quais materiais absorvem água? Explique.
2. Quais materiais não absorveram água? Explique.
3. Houve diferença na velocidade de absorção?
4. Pesquise e compare sobre as estruturas da celulose, do polietileno e da água para explicar por que o papel é capaz de absorver água e o plástico não.
5. Qual a diferença na absorção do papel de fibra de bananeira em relação aos outros papéis?
6. É mais fácil rasgar o papel seco ou molhado? Por quê?

7. Por que alguns papéis são mais porosos que outros? O que seria a porosidade?

Saiba um pouco mais...

Interações intermoleculares são as forças de atração que existem na união de moléculas que acontecem no estado sólido e líquido.

No estado gasoso, a força de atração entre as moléculas são muito fracas, por isso nesse caso não nos referimos a interações intermoleculares. Para moléculas neutras, as interações intermoleculares a serem consideradas são: **dispersão de London, interações dipolo-dipolo e ligação de hidrogênio.**

As primeiras são as mais fracas, pois ocorrem em moléculas apolares, nas quais não existe um dipolo permanente – é a distorção da nuvem eletrônica devido à aproximação de outra molécula que leva à formação de um dipolo temporário. Em moléculas polares, as interações são mais fortes, pois nestas os dipolos são permanentes.

As **ligações de hidrogênio** são as interações mais fortes das três, é um caso especial das interações dipolo-dipolo devido à diferença de eletronegatividade entre o hidrogênio e oxigênio, nitrogênio e flúor. É esse tipo de interação que explica porque o papel absorve água, mas não uma sacola plástica feita de polietileno.

No papel seco, as fibras de celulose interagem umas com as outras por meio de ligações de hidrogênio. Quando o papel está molhado, a água se coloca entre as cadeias de celulose e compete com as interações da cadeia vizinha, enfraquecendo a ligação. Por isso é mais fácil rasgar uma folha de papel que está molhada.

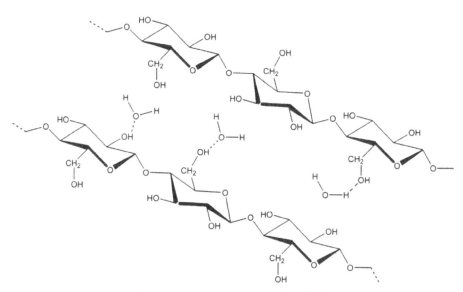

Interações que acontecem no papel seco
Fonte: MATEUS, 2001, p. 102.

Interações que acontecem no papel molhado
Fonte: MATEUS, 2001, p. 102.

Agir em Sociedade

O papel da escola na formação da cidadania

Para ser cidadão, no sentido literal da palavra, devemos ter ética e viver em uma democracia. E em qual lugar aprendemos, na prática, esses conceitos? Na escola, onde, a cada dia, somos colocados à prova no convívio com outros seres tão iguais a nós, mas completamente diferentes em suas individualidades. Assim, para ser um cidadão ético e e viver democraticamente, é necessário saber viver em harmonia com os demais. É na escola que temos espaço para esse aprendizado, que poderá proporcionar ao estudante uma vivência social para que aprenda a conviver com a ideia de igualdade dentro da comunidade escolar e fora dela também.

A escola é um espaço de vivência em que os estudantes podem discutir os valores éticos não de uma maneira tradicional, mas sim na prática, pois têm o privilégio de entender o significado de valores éticos e morais que constituem toda e qualquer ação de cidadania.

Na sociedade moderna, a competição tornou-se valor comum. Desenvolvendo uma visão social eminentemente individualista, cada um se fecha em seu pequeno mundo e só se interessa por aquilo que lhe diz respeito diretamente. É preciso resgatar a cidadania na escola, trabalhar os valores morais, éticos e humanos.

Além do conhecimento científico que aprendemos na escola, é preciso também aprender a conhecer e exercer nossos direitos, por meio do desenvolvimento da capacidade de julgar e criticar. Necessitamos de uma conscientização quanto aos nossos deveres na sociedade (principalmente, nosso compromisso e responsabilidade de cooperação social). Por meio da educação é possível despertar o interesse pelos assuntos de nossa escola, de nosso bairro e de nossa região. Buscar soluções para os problemas encontrados na realidade por meio de ações que desenvolvam a capacidade de resolver problemas de maneira justa e coerente desenvolve valores éticos de compromisso com a sociedade.

A pessoa se sentirá pertencente à comunidade dela à medida que se interessar pelos assuntos que não só envolvam sua cultura, mas também sejam do interesse coletivo do grupo em questão, abarcando a identidade cultural, os valores e os símbolos cultivados.

Para conquistarmos a cidadania, precisamos atuar nas diferentes instituições que compõem a sociedade: família, clubes, associações, sindicatos, partidos políticos etc. A escola tem uma grande contribuição nesse processo, mas não é a única. Essa conquista deve ser desenvolvida em todos os lugares em que vivemos para não ser uma participação passiva, já que a cidadania não deve ser transmitida, mas conquistada. Quando consideramos nosso contexto cultural, a participação se dá de maneira mais efetiva, e todos estarão comprometidos e envolvidos no processo educativo. Assim, o processo ensino-aprendizagem terá um maior significado para nossas vidas.

A partir de tudo que abordamos, podemos agora falar sobre a contextualização. O que é contextualização? Contextualizar é vincular o ensino à vida do estudante, à bagagem que ele já tem, às ideias, às opiniões adquiridas por meio de vivências. É possível propiciar a participação dos estudantes no processo educacional em direção à construção de sua cidadania. Propor condições para a resolução de problemas abordados, por exemplo, favorece a identificação cultural e melhora a integração deles à escola.

Para desenvolvermos a capacidade de criticar, opinar e tomar decisões, é preciso estimular o debate a partir de problemas reais vividos pela escola e comunidade, só assim poderemos discutir várias possibilidades de soluções. Não se deve esquecer ainda de levar em consideração a opinião de todos os estudantes, de maneira orientada e coerente com os fatos, e respeitá-la.

É preciso que os estudantes tenham compromisso com o futuro da nossa sociedade e que essa participação seja uma conquista ativa para torná-la uma sociedade democrática. Precisamos refletir como o consumismo nos afasta das ações coletivas. Não podemos deixar nos levar pela manipulação dos interesses econômicos da parte elitizada da sociedade e dos meios de comunicação em massa que a favorecem.

Ao nos apropriarmos dos valores de solidariedade, fraternidade, consciência do compromisso social, reciprocidade, respeito ao próximo e generosidade, será possível combater o personalismo, o individualismo e o egoísmo para que a cidadania seja verdadeiramente ativa.

A educação para cidadania precisa ser contemplada em valores éticos que despertem o compromisso dos estudantes, por isso as discussões realizadas de forma coletiva para solucionar problemas inseridos principalmente na realidade local. É a partir das experiências vividas pelos estudantes que eles construirão seus valores.

Delimitar um problema e procurar soluções...

A utilização de papel na escola é importante?

Se a partir de hoje fosse banido o uso de papel na sua escola, quais atividades ficariam comprometidas, como poderíamos substituir o papel sem prejudicar as ações realizadas pela escola?

Você acha que a quantidade de papel que a escola consome por mês é um problema?

Como poderíamos diminuir o uso de papel em nossa escola?

Partir para as ações...

Construa coletivamente uma proposta que enumere ações que ajudariam a diminuir o gasto com papel e as possibilidades de reaproveitar e reciclar o papel usado na escola. Apresente e discuta essas propostas com a equipe gestora e a viabilidade de execução.

4

Produção de papel com segurança

 Refletir e Questionar

Uma das grandes preocupações desse milênio é o trabalho com segurança, pois é um dos fatores determinantes para o bom desempenho de atividades realizadas tanto nas indústrias quanto nas universidades e também nas escolas. A construção civil é uma das áreas que mais investem em segurança, qual será a explicação para isso?

Será que a preocupação com a segurança também é importante nos laboratórios de pesquisas científicas? E nos laboratórios de Ensino?

E durante a produção de papel artesanal, será que é importante adotar medidas de segurança? Por quê?

Existem vários Equipamentos para Proteção Individual (EPI) e Coletiva (EPC). A seguir são apresentados equipamentos que iremos utilizar durante a produção de papel artesanal. Complete a tabela a seguir:

EPI	ÓCULOS	LUVAS	Fotos: Nília AVENTAL
Função			
Informações do professor			

Estudar e Aprender

Importância das medidas de segurança na realização de experimentos

O experimento didático se torna um recurso importante principalmente quando o caráter investigativo é privilegiado, ajudando assim na compreensão dos conceitos científicos por meio dos aspectos macroscópicos e por meio de análise qualitativa de fenômenos. Essa compreensão se torna mais efetiva quando se trabalha as medidas de segurança que devem ser tomadas durante a realização de qualquer atividade experimental, evitando riscos, acidentes e perda de materiais.

Os riscos podem ser químicos, físicos ou biológicos. O aumento de risco pode ser caracterizado por: desconhecer o risco, falta de atenção, imprudência, pressa, brincadeiras, utilização de equipamentos inadequados, falta de ordem e limpeza e o não cumprimento de normas de segurança.

> Risco é considerado todo perigo que possa provocar perdas ou algum tipo de dano pode variar com o grau de exposição.

É necessário estar atento e prestar muita atenção nas instruções do professor para que as atividades aconteçam com segurança.

Ao se trabalhar com experimentos, é importante seguir as normas segurança: regras de manuseio, acondicionamento e armazenagem de produtos químicos, além da disposição final de resíduos gerados. As aulas experimentais devem ser direcionadas para apresentar aos estudantes a forma correta de agir no laboratório, minimizando possibilidades de acidentes.

Para prevenir contra possíveis riscos durante a realização de atividades, a **conduta do professor** será muito importante por que a partir do exemplo o estudante aprenderá mais. Realizando um experimento bem planejado pelo professor, terá tempo para as discussões das normas de segurança que serão seguidas de acordo com a necessidade de cada experimento ou atividade, priorizando experimentos seguros e com materiais menos tóxicos (menos prejudiciais).

Parte da **responsabilidade** na segurança individual e coletiva é **dos estudantes**, que devem sempre seguir as normas repassadas pelo professor com muita cautela e atenção, e quando acontecer algum acidente avisar ao professor. Sempre utilizar os EPIs solicitados lembrando que apesar do desconforto em alguns casos eles são indispensáveis para sua proteção.

Equipamentos de Proteção Coletiva e Individual: Quando e por que usar?

É da responsabilidade de cada um cuidar de sua segurança, assim como da segurança dos demais que estejam envolvidos nas atividades. Os **EPI** destinam-se à proteção do indivíduo que estiver exposto a atividades específicas para prevenir e reduzir os riscos de intoxicações decorrentes da exposição. Estes devem ser utilizados em atividades experimentais realizadas no laboratório em sala de aula ou em sala ambiente. O EPI mais conhecido e utilizado em laboratórios de ensino é o jaleco. Mas é preciso sempre observar o tipo de tecido que ele é feito para que realmente seja um item de segurança.

Os **EPC** são utilizados para proteger a equipe que estará realizando certo experimento ou atividade. É muito importante sua utilização porque pode reduzir os riscos durante procedimentos dentro do laboratório, preservando a saúde daqueles que realizam as atividades experimentais. Os EPC mais importantes para o laboratório de Ensino são: chuveiro e lava-olhos de emergência, extintores de incêndio e caixas de areia.

Não só em laboratórios de química, mas em todas as atividades industriais, agrícolas, hospitalares, alimentares é necessário o uso de EPI e EPC. As empresas preocupadas com riscos e acidentes desenvolvem programas, capacitações, cursos e palestras com seus funcionários para o conhecimento de sua importância.

Laboratórios de Ensino: O que é necessário para garantir a segurança?

Todas as atividades em um Laboratório devem ser desenvolvidas com o máximo de atenção e cautela. O laboratório tem uma grande importância dentro da escola, porque nele podemos desenvolver várias atividades de ensino e pesquisa.

Mesmo que na sua escola não tenha laboratório de Ensino, as atividades podem ser realizadas em salas de aula ou em salas ambiente de acordo com o planejamento e organização do seu professor. Por isso todas as normas e proibições descritas para um laboratório servem também para a sala de aula e sala ambiente.

Os laboratórios oferecem grande variedade de risco pela presença de substâncias que podem ser tóxicas e alguns equipamentos que podem implicar em acidentes como: intoxicações, envenenamento, queimaduras, contaminações, incêndio e explosões.

> **É muito importante também que o ambiente sempre esteja limpo e organizado. Ao final de cada atividade os alunos devem contribuir e ajudar na lavagem e organização do ambiente para deixar tudo em ordem para as próximas atividades.**

Por isso é importante que o laboratório seja todo sinalizado por placas de advertência, proibição e obrigatoriedade, e também placas de emergência, identificação de materiais e identificação de Equipamentos de Proteção Coletiva como extintores de incêndio, por exemplo. Deve possuir também uma caixa de primeiros socorros, e alguns dos Equipamentos de Proteção Coletivos mais necessários como: mantas a prova de fogo, sacos de areia, lava-olhos e chuveiro de emergência, extintor de incêndio (que deve ficar em local livre e visível). Mas o importante é não apenas o professor, mas que todos aprendam a manusear e operar esses equipamentos de segurança.

Exemplos de Sinais de segurança

Realização dos experimentos: como estar seguro?

Durante a realização de experimentos, seja em sala de aula ou no laboratório, é essencial estar atento e realizar as atividades com responsabilidade. Trabalhando com cuidado podemos evitar acidentes, e também diminuir o gasto dos reagentes e materiais que serão utilizados. Estar concentrado durante a realização dos experimentos seja ele qual for, com materiais perigosos, com utilização de fogo, ou outros menos perigosos é um fator importante na diminuição de acidentes. Assim, as experiências se tornarão seguras se forem realizadas com seriedade.

O que é TERMINANTEMENTE PROIBIDO durante a realização das atividades experimentais:

- Brincadeiras com os colegas.
- Atitudes que dispersem a atenção.
- Cheirar ou provar algum produto ou material.
- Levar as mãos à boca durante o manuseio com produtos químicos.
- Usar lentes de contato.
- Pipetar produto algum com a boca.
- Usar produtos que não estejam devidamente rotulados.
- Trabalhar sozinho no laboratório.
- Fazer experiências por conta própria sem consultar o professor.
- Descartar resíduos ou materiais na pia ou no lixo sem comunicar ao professor.
- Nunca deixe frascos de reagentes abertos. Após serem utilizados, devem ser imediatamente fechados.
- Adicionar água no ácido (sempre adicione o ácido na água, lentamente e sob agitação).
- Devolver o material utilizado para o frasco de origem para não contaminar os reagentes. Procure colocar sempre a quantidade a ser utilizada.

Os PROCEDIMENTOS OBRIGATÓRIOS durante a realização das atividades experimentais:

- Utilização dos Equipamentos de Proteção Pessoal (EPI) determinados pelo professor.
- Usar sapatos fechados e cabelos presos.
- Verificar sempre a toxicidade e a inflamabilidade dos produtos que serão utilizados.
- Discutir e tirar todas as dúvidas com o professor antes de realizar a atividade.
- Afastar os produtos inflamáveis das chamas ou fontes de calor.
- Ler os rótulos dos frascos antes de usar as substâncias e materiais neles contidas.
- Produtos cáusticos ou que penetram facilmente por meio da pele manusear com luvas apropriadas.
- Lavar as mãos após manipulação de qualquer produto químico.
- Se qualquer substância cair em sua pele, lave imediatamente o local com bastante água e avise o professor.
- Ao testar o odor de um produto químico, nunca coloque o frasco sob o nariz. Caso não seja um produto tóxico, abane com a mão, para sua direção, os vapores que se desprendem do frasco.
- Ao trabalhar com vidros, proceda com cuidado para evitar quebras e cortes perigosos.
- Ao aquecer um tubo de ensaio que contenha qualquer substância, nunca volte a extremidade aberta do tubo para si ou para outra pessoa.
- Terminada a experiência, faça a limpeza da bancada e da aparelhagem utilizada.
- O último a sair do laboratório deve verificar se está tudo em ordem.

Em caso de acidentes com produtos químicos, alguns PROCEDIMENTOS BÁSICOS DE PRIMEIROS SOCORROS devem ser tomados:

- Manter a calma e buscar ajuda
- Se alguém tiver um maior autocontrole prestar socorro e desligar os aparelhos próximos da vítima.

- SE TIVER ALGUM CONTATO COM OS OLHOS: Abrir bem os olhos e lavar com água corrente.
- SE ACONTECER INGESTÃO: Procurar com urgência atendimento médico, de preferência com o rótulo ou ficha de emergência do produto que foi ingerido.
- EM CONTATO COM A PELE: Lavar bem a área afetada com água corrente por no mínimo 15 minutos.

Produção de papel com segurança

Durante a produção de papel artesanal é de suma importância conhecer as normas de segurança para adotarmos corretamente a utilização de procedimentos seguros.

Escolha dos EPI mais adequados: Apesar do jaleco ser o EPI mais utilizado em laboratórios, para proteção do tronco a escolha é o **avental** em todas as etapas da produção (PVC ou outro plástico resistente) devido aos possíveis respingos durante o cozimento, lavagem e obtenção do papel. Para proteção das mãos, a utilização de **luvas** é indispensável em todas as etapas (sendo dispensável somente na etapa final da obtenção do papel). Como iremos manusear álcalis (durante o processo se utiliza hidróxido de sódio e carbonato de cálcio), as mais indicadas são de PVC, neoprene ou nitrílicas por serem mais resistentes a materiais corrosivos. Para proteger os olhos é importante o uso de **óculos** transparentes com lentes de policarbonato, para proteção dos olhos durante as etapas do cozimento, maceração e lavagem. Importante lembrar também que durante as etapas é indispensável o uso de calça comprida (de preferência jeans), sapatos fechados, e para as meninas cabelos presos.

EPI utilizados na produção de papel artesanal

Fonte: os autores

Além da preocupação com os Equipamentos de Proteção Individual, é necessário ter um conhecimento mínimo sobre características toxicológicas, riscos e primeiros socorros das substâncias que serão utilizadas durante as etapas de produção do papel artesanal. Iremos caracterizar somente aquelas que precisam de uma atenção maior:

Quadro 1. Substâncias utilizadas na produção artesanal de papel de fibra de bananeira

Substância ou material	Características toxicológicas	Primeiros socorros
HIDRÓXIDO DE SÓDIO (SODA CÁUSTICA) NaOH	- Sólido branco altamente alcalino, geralmente em escamas. - Corrosivo e higroscópico (absorve umidade) - Não é inflamável	Se a **solução de NaOH** entrar em contato com pele e olhos: Lavar com água corrente. Se ingerido não provocar vômito. Procurar atendimento médico imediatamente.
CARBONATO DE SÓDIO (BARRILHA) Na2CO3	- Sólido branco altamente alcalino, geralmente em escamas. - Higroscópico (absorve umidade) - Não é inflamável	Em contato com pele e olhos: Lavar com água corrente. Se ingerido não provocar vômito. Procurar atendimento médico imediatamente.
HIPOCLORITO DE SÓDIO	- Solução aquosa alcalina com odor característico	Em contato com pele e olhos: Lavar com água corrente. Se

Produção de papel com segurança

(principio ativo da água sanitária) NaOCl	- Oxidante forte - Desinfetante e alvejante - Não é combustível	ingerido provocar vômito. Não dar água ou leite para beber. Procurar atendimento médico imediatamente.
PERÓXIDO DE HIDROGÊNIO (água oxigenada) H2O2	- Solução aquosa que se decompõe facilmente em água e oxigênio em temperatura ambiente, - Forte agente oxidante.	Em contato com pele e olhos: Lavar com água corrente. Se ingerido não induzir vômito. Procurar atendimento médico.

Pesquisar e descobrir

Pesquisar sobre:

- **Sinais e placas de segurança** necessários para o laboratório de química da sua escola (cores e símbolos adequados com as normas de regulamentação).

- **Função dos EPC** básicos: extintores, chuveiro e lava-olhos, caixa de primeiros socorros etc.

- **A importância, classificação, utilização e função dos EPI** e em seguida complete o quadro a seguir:

Quadro 2. EPI – classificações, funções e usos

Parte a ser protegida	EPI	Quais situações utilizar?	Quais profissionais devem utilizar?
CABEÇA	Capacetes, capuzes, gorros, protetores faciais etc.		
OLHOS	Óculos: Comuns com anteparo lateral, contra riscos químicos, de ampla visão; para soldador etc.		
OUVIDOS	Abafadores de ruídos tipo concha e protetores auriculares (plugs) etc.		
BOCA E NARIZ	Respiradores descartáveis, purificadores de ar: contra poeira, gases e vapores e partículas etc.		

TRONCO	Avental, suporte para alturas, macacão, jaleco etc.		
MEMBROS	Luvas, mangotes, perneiras, sapatos, botas etc.		

 Investigar e Experimentar

VIDRARIAS BÁSICAS DO LABORATÓRIO E MATERIAIS QUE SERÃO UTILIZADOS NOS PRÓXIMOS EXPERIMENTOS

- É muito importante o reconhecimento de vidrarias e materiais que serão utilizados nas próximas aulas, principalmente o nome, as funções e as ocasiões mais indicadas para ser usado cada um deles. É preciso saber também que existem vidrarias que possuem medidas mais precisas que outras, por isso é importante saber diferenciá-las para utilizar a mais adequada para casa ocasião de acordo com a precisão da medida que será feita.

- Analise os materiais apresentados pelo professor e preencha a segunda coluna do quadro a seguir:

Quadro 3. Vidrarias básicas do laboratório

Vidraria/ material	Descreva sua utilidade	Informações adicionais fornecidas pelo professor
BÉQUER		
BASTÃO DE VIDRO		

Produção de papel com segurança

PROVETA		
PISSETA		
FUNIL		
PAPEL DE FILTRO		
TRIPÉ		
TELA DE AMIANTO		

Vidraria/material	Descreva sua utilidade	Informações adicionais fornecidas pelo professor
LAMPARINA		
BICO DE BUNSEN		
COLHERES E ESPÁTULAS		
ALMOFARIZ E PISTILO		
BALANÇA		

ATIVIDADE LÚDICA

"Durante uma atividade experimental da turma do 1º ano do Ensino Médio de um Colégio Estadual, fatos interessantes aconteceram. Alguns estudantes foram advertidos por sua conduta e outros elogiados."

Vamos analisar essa aula e ajudar o professor dessa turma, para isso é preciso que você analise a foto a seguir e:

- Encontre e descreva os comportamentos e situações **que não sejam seguros**.
- Encontre e descreva os comportamentos e situações **que sejam seguros**.

Ilustração sobre erros cometidos em laboratórios

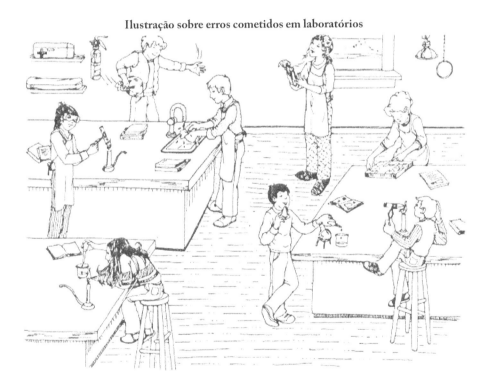

Fonte: www.heumann.org/u1/lab_safety.html

Para ajudar essa turma, elabore uma lista de regras básicas de segurança para que as atividades se tornem mais seguras.

CONFECÇÃO DE PLACAS DE SEGURANÇA

- Discuta e defina com seus colegas quais seriam as placas de advertência, proibição, emergência, obrigatoriedade e identificação de materiais para sinalizar com segurança o local onde são realizadas as atividades experimentais.

- Em equipe de três estudantes, confeccionem as placas de acordo com as normas encontradas durante seu trabalho de pesquisa na seção anterior. Lembre-se que essas placas farão parte da estrutura do ambiente de trabalho (laboratório, sala de aula ou sala ambiente). Trabalhe bem sua criatividade e se atente para o material que irá utilizar nessa confecção para que as placas sejam resistentes, coloridas, legíveis e de baixo custo.

 Agir em Sociedade

REFLEXÃO DE SEGURANÇA

"Lá fora uma chuva fina que cai e aqui dentro um friozinho que não consigo perceber se é a ação do tempo, ou das lembranças que me vêm à cabeça. Antigamente tudo era perfeito...

O relógio despertava sempre naquela mesma horinha de sempre, eu levantava pensando comigo como seria o dia. Chegava ao trabalho, trocava de roupa e ia trabalhar. Eu achava engraçado como meus colegas de trabalho conseguiam trabalhar com tantos couros, óculos, capacetes, enfim aquelas coisas que eles chamavam de EPI. Eu pensava comigo: 'que bando de bajuladores, ficam trabalhando com essas coisas só para se mostrarem'. Eu pensava que eu estava certo, trabalhava sem usar aquelas coisas de nome engraçado, EPI. Eu conseguia fazer tudo o que eles faziam, e ainda fazia melhor porque não perdia tempo com aquelas besteiras.

Um dia um cara que se dizia chefe de segurança veio falar comigo e perguntou por que eu não usava os tais EPIs. Eu, dono da situação como sempre, respondi a ele que não havia necessidade de tanta frescura, pois o trabalho que estava executando era moleza. E quase todo dia vinha alguém me dar conselhos, e eu como me achava muito esperto, sempre me livrava daquelas ladainhas.

Eu me lembro que naquele dia tudo corria bem. Eu, esperto como sempre, trabalhava sem perder tempo com besteiras, desempenhava meu trabalho com a maior rapidez, olhava para os lados e lá estavam meus colegas de trabalho perdendo tempo colocando todos aqueles EPIs para ficar enrolando o serviço. Foi nesse momento que eu reparava os outros que aconteceu... Ouvi aquele barulho, e em seguida uma dor aguda, foi quando perdi os sentidos.

Acordei em um leito de hospital e minha família estava no quarto comigo. Fiquei curioso e preocupado ao mesmo tempo, por que eles estavam tão tristes? Foi quando me disseram que eu estava inválido e que não poderia mais trabalhar. Confesso que tive a impressão que o mundo havia desabado sobre mim, pairou uma névoa sobre meus olhos e de repente comecei a perceber nitidamente o quanto estava errado. Se eu tivesse perdido um pouco de tempo com os EPIs, eu não estaria aqui nesse momento nessa situação. Descobri que todo tipo de Equipamento de Proteção Individual é importante, e a falta de qualquer um deles pode deixar uma pessoa com seqüelas para o resto da vida.

...Lá fora a chuva parou, mas vou ficar aqui sofrendo este frio de arrependimento, pois eu não posso me levantar para aproveitar o dia lá fora...".

Texto adaptado e retirado do livro: Programa "Cinco minutos diários de segurança, saúde ocupacional e ambiente". DURTE FILHO, E. 3. ed. Belo Horizonte: Editora Ergo, 1999.

DELIMITAR UM PROBLEMA E PROCURAR SOLUÇÕES...

Na escola em que você estuda existe a preocupação com a segurança pessoal de estudantes e funcionários? Como isso acontece? De um modo geral, que tipos de placas de sinalização existem?

Quais placas de sinalização você acha que deveria ter em sua escola para garantir mais segurança?

PARTIR PARA AS AÇÕES...

- Observe na sua escola como anda a preocupação com a segurança, faça uma planilha de observações e ande pela escola em equipe analisando todos os lugares. Observe por exemplo as escadas, extintores, procedimentos durante a limpeza da escola, e todos os lugares e itens que achar necessários.

- Em equipe elabore uma proposta de sugestões viáveis e possíveis de melhorias na segurança da escola. Essas contribuições devem ser de toda comunidade escolar. Peça sugestões para: os outros estudantes, equipe de professores, equipe gestora, equipe de serviços gerais e equipe administrativa.

SUGESTÕES

- Nas atividades de visualizações de EPI e de vidrarias, se for possível faça a demonstração real com esses materiais citados. O trabalho de manusear se torna mais interessante para os estudantes.

- Se na sua escola não possuir EPI, procure empresas que trabalhem com esses equipamentos em sua cidade e tente um empréstimo para demonstração. Essas empresas costumam ser bem receptivas com esse tipo de trabalho.

- Faça uma exposição das placas confeccionadas pelos estudantes e escolha juntamente com eles as mais criativas para serem utilizadas.

5

O papel e suas transformações

 REFLETIR E QUESTIONAR

Na natureza acontecem vários fenômenos naturais e transformações que o homem consegue explicar por meio da ciência e muitas outras ainda esperam por explicações científicas. Podemos enumerar várias transformações que ocorrem no nosso dia a dia, algumas espontâneas, outras não. O homem desenvolveu várias técnicas e processos de transformações de matérias-primas retiradas da natureza por meio de pesquisas, estudos, testes e experimentos. Várias dessas transformações são imprescindíveis para nossa sobrevivência nos tempos atuais.

Dentre as várias transformações ocorridas ao longo da história, será que houve avanços no modo de produção do papel? Quais transformações acontecem com a matéria-prima até obtermos uma folha de papel?

Ao observar uma folha de papel branco ou uma folha de papel artesanal, já parou para pensar que tipos de transformações seriam essas?

INVESTIGAR E EXPERIMENTAR

As transformações químicas e o cozimento do pseudocaule

ATENÇÃO

Para realizar essa atividade, o professor e os alunos deverão usar em todas as etapas os seguintes EPIs: LUVAS, AVENTAL E ÓCULOS

Sugestões de organização do trabalho:

Divida a turma em cinco equipes e peça que cada uma dessas equipes desenvolva uma das partes do experimento. Em seguida, faça um debate com a turma completa e peça para que cada equipe exponha seus resultados.

1ª parte

O que vamos precisar:

- 30 g[4] de pseudocaule ou (15 g em tamanhos grandes e 15g em tamanhos pequenos)
- Duas placas de petri ou dois pires
- Água oxigenada 10 volumes (encontrada em farmácia)
- Dois bastões de vidro ou duas colheres de sopa descartáveis

---

4   Nesse experimento a quantidade não tem tanta influência, as observações analisadas serão qualitativas, essa quantidade em gramas é somente uma base, pode ser uma porção de pseudocaule cortado.

Como fazer:

- Cortar o pseudocaule em tamanhos diferentes e colocar 100 g em cada lata. Enumerar as latas em 1 e 2;

- **Recipiente 1:** Cortar em pedaços grandes somente dividindo cada lasca do pseudocaule em média quatro pedaços;

- **Recipiente 2:** Cortar em pedaços (lasquinhas) bem pequenos ("como cortar repolho ou guariroba");

- Acrescentar água oxigenada em cada recipiente até cobrir o pseudocaule;

- Observar e anotar as alterações ocorridas.

Discutir, pesquisar e descobrir:

1. O que aconteceu em cada recipiente? Explique as diferenças entre eles.

2. As características analisadas evidenciam que tipo de processo?

2º Parte

O que vamos precisar:

- 60 g de pseudocaule cortados do mesmo tamanho Duas latas de extrato de tomate (340g)

- Um béquer de 100mL (ou copo de vidro) 2 g de hidróxido de sódio (soda cáustica) 100 mL de água em temperatura ambiente

- Dois bastões de vidro ou duas colheres de sopa descartáveis Duas lamparinas (ou fogareiros)

- Dois tripés

- Duas telas de amianto

Como fazer:

- Colocar 30 g de pseudocaule cortado em cada lata. Numerar as latas em 1 e 2;

- Adicionar 50 mL de água na lata 1;

- Em um béquer de 100 mL (ou copo de vidro), dissolver 2 g de hidróxido de sódio (NaOH) em 20 mL de água e observar o que acontece, adicione mais 30 mL de água. Em seguida acrescentar essa solução na lata 2;

- Em seguida colocar as duas latas para cozer durante 25 minutos (ou 15 minutos se optar pelo fogareiro). Observar e anotar as alterações.

Discutir, pesquisar e descobrir:

1. O que podemos observar ao final do processo em cada lata sobre o tempo de cozimento, cor da polpa e aspectos visuais que caracterizam o desprendimento das fibras.

2. Retire uma amostra de cada polpa e lave bem com água corrente e indique as diferenças entre elas (cor, textura etc.).

3. O que podemos concluir da utilização ou não do hidróxido de sódio durante o cozimento?

3ª parte

O que vamos precisar:

- 60 g de pseudocaule cortados do mesmo tamanho Duas latas de extrato de tomate (340g)

- Dois béqueres de 100 mL (ou copos de vidro) 4 g de hidróxido de sódio (soda cáustica)

- 100 mL de água em temperatura ambiente

- Dois bastões de vidro ou duas colheres de sopa descartáveis Duas lamparinas (ou fogareiros)

- Dois tripés

- Duas telas de amianto

Como fazer:

- Colocar 100g de pseudocaule cortado em tamanhos iguais em cada lata, numeradas por 1 e 2;

- Em um béquer de 100 mL (ou copo de vidro), dissolver 1 g de hidróxido de sódio (NaOH) em 10 mL de água e observar o que acontece, depois adicione mais 40 mL de água. Em seguida acrescentar essa solução na lata 1;

- Em um béquer de 100 mL (ou copo de vidro) dissolver 3 g de hidróxido de sódio (NaOH) em 20 mL de água e observar o que acontece, depois adicione mais 30 mL de água. Em seguida acrescentar essa solução na lata 2;

- Em seguida colocar para cozer durante 25 minutos (ou 15 minutos se optar pelo fogareiro).

Discutir, pesquisar e descobrir:

1. O que podemos observar ao final do processo sobre o tempo de cozimento, cor da polpa e aspectos visuais que caracterizam o desprendimento das fibras?

2. A quantidade de reagente utilizada influenciou no desprendimento das fibras? Explique sua resposta.

3. Compare esse experimento com o anterior. Em qual dos experimentos o cozimento foi melhor, com 1g, 2g, ou 3g?

4º Parte

O que vamos precisar:

- 90 g de pseudocaule cortados do mesmo tamanho Três latas de extrato de tomate (340g)

- Três béqueres de 100 mL (ou copos de vidro) 2 g de hidróxido de sódio (soda cáustica)

- 2 g de carbonato de sódio (barrilha)

- 30 mL de peróxido de hidrogênio 10 volumes 120 mL de água em temperatura ambiente

- Três bastões de vidro ou duas colheres de sopa descartáveis Três lamparinas (ou fogareiros)

- Três tripés

- Três telas de amianto

Como fazer:

- Colocar 30g de pseudocaule cortados em tamanhos iguais em cada uma das latas numeradas de 1 a 3.
- Em um béquer, dissolver 2 g de hidróxido de sódio (NaOH) em 50 mL de água. Observar e anotar. Adicionar essa solução na lata 1.
- Em um béquer, dissolver 2 g de carbonato de sódio (Na2CO3) em 50 mL de água. Observar e anotar. Adicionar essa solução na lata 2.
- Em um béquer, misturar 30 mL de peróxido de hidrogênio em 20 mL de água. Observar e anotar. Adicionar essa solução na lata 3.
- Em seguida, colocar para cozer durante 25 minutos (ou 15 minutos se optar pelo fogareiro).
- Observar e anotar as alterações durante o cozimento.

Discutir, pesquisar e descobrir:

1. O que podemos observar durante o cozimento? Descreva os aspectos observados sobre a cor da polpa e aspectos visuais em cada lata.
2. Qual dos reagentes favorece um melhor desprendimento das fibras? Explique.
3. E se tratando dos aspectos ambientais, qual desses reagentes você acha mais interessante utilizar? Por quê?

MAIS ALGUMAS QUESTÕES...

1. Durante o cozimento da polpa podemos observar que houve liberação ou absorção de calor?
2. Quais tipos de transformações acontecem durante o cozimento?
3. Durante a dissolução do hidróxido de sódio (NaOH), quais alterações observadas? E na dissolução do carbonato de cálcio (Na_2CO_3)?
4. Observando a chama do fogão acesa, podemos constatar que acontece uma reação química? Como podemos chamar esse processo? Houve liberação ou absorção de calor?

PESQUISAR E DESCOBRIR

Pesquisar sobre tipos de transformações químicas e físicas, exemplificando com processos que acontecem em nosso dia a dia. Pesquisar também sobre características que evidenciam as reações químicas, os princípios básicos sobre transferência de calor e fatores que influenciam a rapidez das reações.

ESTUDAR E APRENDER

Tipos de transformações

Durante a produção do papel, seja ela industrial ou artesanal, acontecem várias transformações. Essas transformações caracterizam-se em:

Químicas – São aquelas que acontecem com alterações na constituição das substâncias, formando novas substâncias. Uma transformação ou reação química é um processo de troca química, que envolve quebra e formação de ligações entre partículas de modo que uma nova substância é formada com propriedades químicas diferentes.

Físicas: Que não envolvem alterações nas propriedades das substâncias e materiais e não formam novas substâncias.

Durante o cozimento do pseudocaule nos experimentos realizados anteriormente, notaram-se alguns sinais indicativos como mudança de cor, odor e a textura. Esses sinais são chamados de **evidências** das reações químicas. É a partir das observações de evidências que se pode concluir que houve uma transformação química. As características iniciais observadas sobre o **sistema**, isto é, sobre aquela parte utilizada para o estudo, chamamos de **estado inicial**. Aquelas observadas no final do estudo chamamos de **estado final**.

Os materiais que compõem o estado inicial do sistema são caracterizados como **reagentes**, que são transformados, surgindo no estado final do processo novos materiais caracterizados como **produtos**. Para que as reações aconteçam, em muitos casos é necessário o fornecimento de calor como o cozimento do pseudocaule para se obter o papel. Além das transformações químicas, veremos na próxima unidade os processos físicos para obtenção do papel.

Um pouco de Termoquímica

Uma reação química ocorre quando as ligações entre átomos e moléculas se rompem para se rearranjarem e formarem novas substâncias. Como essas ligações em muitos casos podem ser muito fortes, geralmente é necessária energia na forma de **calor** para iniciar a reação.

> Uma reação química é uma alteração química onde os materiais ou substâncias (reagentes) se convertem em novas substâncias (produtos).

Durante o cozimento, utiliza-se o hidróxido de sódio para reagir com a lignina, que é responsável pela união e rigidez das fibras de celulose que precisam ser liberadas para que se formem as folhas de papel. Sem a retirada da lignina é impossível conseguir uma flexibilidade das fibras para obtenção do papel. A lignina reage com o hidróxido de sódio produzindo vários materiais, o NaOH não é consumido totalmente na reação (trataremos desse assunto na Unidade 6).

A quantidade de lignina no pseudocaule da bananeira é bem pequena em relação à quantidade que se tem nas madeiras utilizadas na fabricação de papel industrial (como o eucalipto e o pinus). Por isso os resíduos formados durante o cozimento não são tão prejudiciais ao ambiente como os resíduos produzidos industrialmente (como as mercaptanas, que contêm enxofre em sua composição). Como utilizamos uma substância alcalina, são fundamentais os cuidados de segurança nesses procedimentos, como a correta utilização de EPIs (luvas, óculos, aventais).

Outra reação química que participa do processo acontece durante a queima do gás no fogareiro ou fogão, essa reação é muito comum em nosso cotidiano e é chamada de **reação de combustão.** Para que ela ocorra, são necessários QUATRO fatores: um combustível, um comburente, energia de ativação E REAÇÃO EM CADEIA. Essa reação consiste na queima de um combustível por meio da energia de ativação (calor de uma chama na presença de um comburente, geralmente é o oxigênio do ar – O_2).

> **A lignina é caracterizada como um grupo de polímeros amorfos, de composição complexa não totalmente caracterizada. Sua finalidade é conferir firmeza à estrutura. É o ligante que mantém as fibras unidas na estrutura da maioria dos vegetais.**

Essas questões já foram discutidas, mas pense mais um pouco... Durante o cozimento é preciso absorver ou liberar calor para que a reação aconteça? Durante a queima do gás no fogareiro, temos liberação ou absorção de calor?

Durante a combustão acontece uma liberação de energia que é absorvida pelo material que está sendo cozido, então podemos concluir que durante o cozimento é necessário fornecer energia a esse sistema, que não conseguirá reagir sem esse fornecimento de energia.

A energia liberada durante a combustão é caracterizada por energia química. Conclui-se então que as transformações químicas estão ligadas aos processos de transformações de energia (quando há liberação ou absorção de energia). Durante a combustão a temperatura ao seu redor aumenta, significando assim que aconteceu uma transferência de energia do material que está sendo queimado para o ambiente. Essa troca de energia é chamada de **energia térmica**.

> **Quando dois corpos estão em contato, há transferência de energia de um para o outro, até os dois atingirem um estado de mesma energia, chamado equilíbrio térmico.**
> **Calor é a transferência de energia térmica entre corpos de diferentes temperaturas.**

A palavra energia é derivada do grego enérgeia, que significa "força em ação". É a energia que deixa um sistema tranformar-se ou movimentar-se. A tendência dos corpos é em adquirir um estado de menor energia potencial, transformando-se em outros tipos de energia. Essa tendência também é evidenciada nas reações químicas, que para manterem esse estado de menor energia podem tanto liberar quanto absorver energia.

Nos experimentos realizados, podemos constatar processos que ocorreram liberação de energia, como a combustão do gás no fogareiro e a dissolução do Hidróxido de sódio. Esses processos são chamados de **processos exotérmicos.**

Durante o cozimento, constatamos uma **absorção de energia** para que a reação de transformação da lignina acontecesse. Esse processo recebe o nome de **processo endotérmico.**

Um pouco de Cinética

Um dos objetivos ao realizar os experimentos descritos é conseguir melhorar e aperfeiçoar o processo de cozimento para saber qual o melhor tamanho do pseudocaule, temperatura, concentração do reagente, e qual tipo de reagente irá reagir melhor para liberar as fibras. Todos esses fatores são essenciais para viabilizar alterações e o tempo do cozimento. Apesar de todos os experimentos terem sido realizados com tempo determinado (20 minutos), as observações e constatações serão importantes para estruturar processos de cozimento em grandes quantidades em que o tempo é medido em horas.

Para que uma reação aconteça é necessário que as moléculas dos reagentes entrem em contato, se colidam de maneira efetiva e reajam. Ou seja, uma condição essencial é haver **colisões efetivas**, que acontecem com uma **direção favorável** dessas moléculas, formando espécies intermediárias que são chamadas de **complexo ativado,** e a partir desse complexo são formados os produtos. Mas para que a reação aconteça, como por exemplo, a combustão do gás no fogareiro, é preciso acender com fósforo ou com uma faísca. Essa energia mínima para iniciar a reação é chamada de **energia de ativação.** Esse conjunto de explicações é conhecido com **teoria das colisões.**

Além dos que já foram mencionados, é preciso explicar sobre os fatores que interferem na rapidez das reações. Após a realização dos experimentos e as observações macroscópicas que foram EXTRAÍDAS na seção "INVESTIGAR E EXPERIMENTAR" é preciso explicar SUBMICROSCOPICAMENTE como essas alterações afetam a rapidez:

Superfície de contato: O tamanho que se corta o pseudocaule para realizar o cozimento interfere na rapidez da reação. Quanto menor o tamanho, maior a superfície de contato entre os reagentes e maior será sua rapidez porque a quantidade de moléculas em contato será maior, porque aumenta o número de colisões, e assim aumenta um número maior de colisões efetivas.

Temperatura: Na maioria dos casos, as reações necessitam de uma temperatura elevada para aumentar a rapidez, mas isso não quer dizer que tenha casos em que isso não aconteça. Mas durante o cozimento o aumento da temperatura favorece um aumento na energia cinética das moléculas, o que aumenta o número de colisões e consequentemente os choques efetivos.

Concentração: A rapidez também pode ser alterada pela quantidade de reagentes envolvidos na reação devido ao fato de a quantidade alterar a concentração final do sistema em questão. Então uma quantidade maior de hidróxido de sódio aumentará a concentração de a polpa ser cozida porque aumentará o número de partículas de um dos reagentes, o que aumentará a quantidade de colisões, que aumentará a quantidade de colisões efetivas, e aumentará assim a rapidez do cozimento e liberação das fibras.

Catalisadores e inibidores: São substâncias ou materiais que podem aumentar (catalisador) ou diminuir (inibidor) a rapidez das reações sem que estas sejam alteradas, ou seja, não são consumidas durante a reação.

Reatividade: A partir dos testes com reagentes diferentes (NaOH, Na2CO3, H2O2), podemos perceber qual deles favorece mais o cozimento em termos de tempo e também de eficiência na textura da polpa cozida.

AGIR EM SOCIEDADE
Importância das relações interpessoais na escola

A todo instante recebemos influências diferentes, principalmente do mundo da comunicação; tendências que influenciam fortemente nossos comportamentos, nossas ideias, opiniões etc. O mundo tecnológico é cada vez mais presente, influenciando nossos anseios.

Com as inovações tecnológicas, as pessoas se tornaram menos comunicativas, menos sociáveis. Tanto na sociedade quanto na própria escola, perdeu-se um pouco do contato físico e presencial. Mas não podemos ser indiferentes, precisamos refletir e mudar essa maneira de pensar a vida e melhorar nossos relacionamentos interpessoais.

Por isso se torna cada vez mais importante, dentro da escola, trabalhar com uma aprendizagem voltada para o resgate de valores, que ajudem nossos estudantes a viverem melhor, procurando soluções e meios para transformar as relações sociais em relações mais harmoniosas, em que prevaleça o respeito mútuo, a compreensão, a amizade, a solidariedade e a coletividade.

Percebemos que, a cada dia que passa, as relações familiares e sociais estão interferindo nos resultados finais de aprendizagem. Essa interferência pode ser positiva, mas também pode ser negativa, quando, por exemplo, surgem complicações e dificuldades no desempenho escolar. Para se obter sucesso no processo de aprendizagem, é preciso relacioná-la às relações interpessoais, tanto dentro como fora da escola.

Por meio das relações interpessoais, podem-se diminuir os problemas que são encontrados no dia a dia como: preconceito, discriminação conflito, corrupção, estresse, destruição ambiental, ignorância, exploração e muitos outros.

Para se obter uma aprendizagem que faça sentido, é importante que, dentro da sala de aula, a relação interpessoal entre o estudante e seu colega, o estudante e o professor seja construída de maneira saudável. A sala de aula pode ser considerada um verdadeiro fenômeno social. As trocas interpessoais não podem parar, elas passam por todas as etapas da aprendizagem.

E o trabalho em equipe, dentro de sala de aula, pode favorecer essas relações interpessoais? Trabalhar em equipe, em sala, principalmente quando se tem um planejamento dinâmico, não é perda de tempo como muitos acham. Quando se utiliza desse recurso de maneira planejada, percebe-se que o grupo realmente tem uma dinâmica, um movimento especial. Esses momentos de trabalho em equipe são importantes porque surgem oportunidades para conhecer melhor os integrantes da equipe e a si mesmo.

E a comunicação também interfere nas relações interpessoais? Cada ser humano é único, tem sua própria história, sua constituição biológica, psíquica e social. Mas, na maioria dos casos, a preocupação ainda é somente consigo mesmo. Somos egocêntricos.

A leitura de mundo que cada um faz é muito pessoal. Então, quando nos deparamos com situações de convívio e troca de ideias sobre algum tema, cada um se voltará ao seu repertório pessoal, que é intransferível.

As aprendizagens somente acontecem quando os estudantes se predispõem a concretizá-las. Isso porque aprendizagem é modificação de comportamento, ou seja, a partir de um aprendizado acontecem as mudanças de atitudes.

Em muitos momentos, poderíamos viver bem melhor, mas complicamos a vida. Muitas vezes por não nos conhecermos bem, outras por não reconhecermos nossas necessidades mais importantes, nossas prioridades. Para vivermos melhor, é preciso também considerar o outro como um ser único e diferenciado em cultura, necessidades, expectativas, objetivos e vivências. Precisamos ser tolerantes às frustrações que aparecerem no caminho; aprender a lidar com as diversidades, sem transferir para o outro a responsabilidade dos nossos insucessos e aceitar a responsabilidade das próprias ações.

De uma maneira geral, a convivência se tornará sempre mais agradável quando aceitarmos que todos nós somos diferentes, por isso é necessário respeitar nossos limites e também os dos outros. As atitudes de curiosidade, observação, interação e reflexão juntamente com as interações com os outros nos tornarão pessoas mais compreensivas e solidárias.

Não podemos esquecer, portanto, a importância e o valor de cada indivíduo dentro da escola. É preciso que haja um estímulo positivo e significativo para aproveitar todas as oportunidades que são oferecidas, aumentando o aprendizado e aprimorando o desenvolvimento escolar.

DELIMITAR UM PROBLEMA E PROCURAR SOLUÇÕES...

Como estão nossas relações interpessoais no ambiente escolar? E fora da escola?

O que depende de você para que as relações interpessoais favoreçam um ambiente escolar mais prazeroso?

PARTIR PARA AS AÇÕES...

Discuta com seus colegas e proponha atitudes possíveis que ajudariam a melhorar as relações interpessoais dentro da escola, apresente ao corpo docente e à equipe gestora como propostas a serem realizadas.

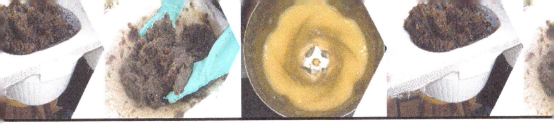

6

O papel e suas etapas de produção

 REFLETIR E QUESTIONAR

Podemos encontrar no dia a dia vários materiais que necessitam ser separados para que possamos utilizá-los. Essas separações acontecem muitas vezes de maneiras bem simples e outras precisam de aparatos mais sofisticados. Por exemplo, ao se levantar e ir preparar o café (ao utilizar água quente para extração e ao coar), ao fazer um suco de laranja (quando coamos), estamos realizando métodos de separação de materiais.

E durante a produção de papel artesanal, quais processos de separação de materiais são realizados? Será que são processos físicos ou mecânicos?

 PESQUISAR E DESCOBRIR

Pesquisar sobre tipos de separações de materiais, diferença entre processos mecânicos e físicos, exemplificando com processos que acontecem em nosso dia a dia. Pesquisar também sobre operações unitárias onde elas existem, e como se constrói um fluxograma de processo durante uma atividade de produção. Exemplificar construindo um fluxograma de processo para a produção de papel artesanal (consulte a unidade 2 – etapas da produção de papel).

ESTUDAR E APRENDER

IMPORTÂNCIA DOS MÉTODOS DE SEPARAÇÃO DE MATERIAIS

Na química, os métodos de separação de materiais são muito importantes, pois para se conseguir resultados mais precisos no desenvolvimento de algumas pesquisas e experimentos, é necessário que as substâncias estejam puras. Para isso é preciso utilizar alguns métodos de separação.

Podemos citar várias situações conhecidas em que se utiliza desses métodos:

No tratamento de esgotos, no tratamento de água, dessalinização da água do mar, destilação de bebidas alcoólicas, separação de frutas podres das boas em cooperativas, exame de sangue etc.

Para entendermos sobre processos de separação de materiais, precisamos primeiramente conhecer as diferenças entre materiais homogêneos e heterogêneos.

CLASSIFICAÇÃO DOS MATERIAIS

Materiais heterogêneos – Um material é considerado heterogêneo quando apresenta mais de dois aspectos. Esse material é caracterizado por componentes que estão misturados, porém não estão dissolvidos. Exemplos: água + areia (2 fases). São chamados de materiais polifásicos. A visualização não é, necessariamente, a olho nu. As fases de um material heterogêneo podem ser vistas no microscópio ou separadas em uma centrífuga, como o sangue e o leite por exemplo.

Materiais homogêneos – Um material é considerado heterogêneo quando seus constituintes não podem ser identificados porque possuem aspecto uniforme, possuem as mesmas características visuais em toda a sua extensão. São chamados de materiais monofásicos. Podemos afirmar que todo material homogêneo é uma solução, ou seja, mistura homogênea é um conjunto de substâncias solúveis entre si. Por exemplo, quando misturamos água e álcool é impossível distinguir um do outro.

Os métodos pelos quais podemos separar os componentes de um material são chamados de métodos de análise imediata e não alteram a natureza das substâncias constituintes da referida mistura. São divididos em processos mecânicos e físicos.

PROCESSOS MECÂNICOS

Os processos mecânicos são utilizados para separar materiais heterogêneos que não necessitem de nenhuma transformação física (por exemplo: evaporação, ebulição etc). Muitos desses processos são rudimentares, podemos exemplificar com alguns desses processos:

Quadro 4. Produção de papel artesanal e os Processos mecânicos

CATAÇÃO	Usando a mão ou uma pinça, separam-se os componentes sólidos.
PENEIRAÇÃO	Separação possível quando os componentes sólidos da mistura apresentam tamanhos diferentes.
LEVIGAÇÃO	O sólido menos denso é separado por uma corrente de água
VENTILAÇÃO	O sólido menos denso é separado por uma corrente de ar
FLOTAÇÃO	Consiste na separação de dois sólidos adicionando um líquido com densidade intermediária entre os dois sólidos
FILTRAÇÃO	Passa-se a mistura por uma parede ou por uma superfície porosa (filtro) que retém o sólido, enquanto o líquido ou o gás passa pelo filtro.

PROCESSOS FÍSICOS

São utilizados nos processos de separação de materiais homogêneos que necessitam de mudanças no estado de agregação para separarem-se. Um dos processos físicos de separação mais utilizada é a destilação, existem vários tipos:

Quadro 5. Produção de papel artesanal e os processos físicos

EVAPORAÇÃO	Usado para materiais homogêneos sólido-líquido. Deixa o líquido evaporar e se obtém o sólido.
DESTILAÇÃO SIMPLES	Usado para materiais homogêneos sólido-líquido. Aquece-se a mistura: o líquido vaporiza-se e passa por um condensador, liquefazendo-se novamente.
DESTILAÇÃO FRACIONADA	A separação dos componentes de uma mistura homogênea líquido-líquido pode ser feita por destilações sucessivas.

Além desses processos citados, existem outros também muito utilizados tanto em processos artesanais como em processos industriais. Na extração de essências para produção de perfume, seja ela artesanal ou industrial, utilizam-se várias técnicas de separação como a prensagem (uma extração por espremedura), enfloragem (extração realizada com óleos e gorduras capazes de absorver as essências), maceração e extração com solventes voláteis.

OPERAÇÕES UNITÁRIAS

Na realização de processos industriais, principalmente os processos relacionados com a química, as etapas básicas de um processo recebem o nome de **operações unitárias.**

Durante o tratamento do leite, por exemplo, temos vários processos, ou seja, várias operações unitárias. São elas: homogenização, pasteurização, resfriamento e empacotamento, todas elas formam o processo como um todo.

No ramo da Engenharia Química, por exemplo, um processo pode ter várias operações unitárias presentes para que possa se obter um determinado produto. Cada operação tem sua técnica e está baseada nos mesmos princípios científicos, independentemente da matéria-prima ou do produto. Assim, os processos podem ser estudados sistematicamente, de maneira mais simples e resumida. As operações unitárias se dividem de acordo com os seguintes princípios científicos:

- Transferência de massa (extração, destilação, **secagem**)

- Processos mecânicos (**trituraração, maceração,** peneiramento e separação)

- Processos de Escoamento de Fluidos (transporte de fluido, **filtração**)

Na produção de papel, temos várias operações unitárias. Por ser um processo artesanal, são denominadas simplesmente de etapas de produção, ou etapas do processo. É uma forma de organizar a produção de maneira clara e objetiva para que todos entendam que o objetivo é chegar no produto final, no nosso caso, o papel produzido a partir da fibra de bananeira.

ETAPAS DO PROCESSO INDUSTRIAL DE FABRICAÇÃO DE PAPEL

Podemos perceber a complexidade do processo industrial da produção de papel por meio da descrição resumida de suas etapas:

- **Tratamento e fragmentação da madeira:** a árvore é cortada, descascada, transportada, lavada e picada em cavacos de tamanhos predeterminados.

- **Cozimento:** no digestor, os cavacos são misturados ao licor branco e cozidos a temperaturas de 160 C°.

- **Branqueamento:** a pasta marrom passa por reações com branqueadores (cloro e cal, peróxido, dióxido de sódio, ozônio e ácido) e é lavada a cada etapa, transformando-se em polpa branqueada.

- **Secagem:** a polpa branqueada é seca e enfardada para transporte, caso a fábrica não possua máquina de papel.

- **Máquina de papel:** a celulose é seca e prensada.

- **Tratamento da lixívia e rejeitos da água:** o licor negro resultante do cozimento é tratado e os químicos são recuperados para serem usados como licor branco. Esse tratamento ameniza os impactos ambientais causados pela fábrica de papel.

PROCESSOS INDUSTRIAIS DE POLPEAMENTO

PROCESSOS QUÍMICOS: Se dividem em **alcalinos** (processo soda, Kraft, sulfito alcalino e sulfito neutro) e **ácidos** (sulfito ácido), os principais são:

- **Processo soda a frio:** o NaOH (hidróxido de sódio) é impregnado nos cavacos, o que permite o enfraquecimento das ligações entre as fibras, ou seja, a separação da lignina, em temperatura em torno de 25ºC. Em seguida, os cavacos passam por um desfibramento e se transformam em pasta.

- **Processo Kraft:** também conhecido como processo sulfato. São utilizados hidróxido de sódio (NaOH) e sulfeto de sódio (Na2S). O tempo de cozimento fica em média 2h, e a temperatura média é de 160ºC a 185ºC.

PROCESSOS DE ALTO RENDIMENTO: Se dividem em processo mecânico, termomecânico, químico-mecânico, químico-termomecânico:

- **Processo mecânico** – acontece o processamento da madeira nas seguintes etapas: primeiramente, acontece o descascamento; em seguida, o corte em pedaços menores. Nesse processo, se obtém aproveitamento total da madeira.

- **Processo termomecânico** – diferencia-se do processo mecânico devido à utilização de calor e pressão.

- **Processo quimitermomecânico** – diferencia-se dos processos anteriores devido ao acréscimo de um rápido tratamento químico dos cavacos.

PROCESSOS QUE ACONTECEM DURANTE A PRODUÇÃO DO PAPEL ARTESANAL

O processo de separação de materiais mais característico da produção de papel artesanal é a **filtração**, acontece após o cozimento para retirada do primeiro caldo. Durante a maceração, a polpa é filtrada em média duas ou três vezes, e durante a obtenção da folha, quando dilui-se a polpa em água e puxa-se a tela com a mesma .

| Filtragem para retirada do primeiro caldo | Maceração seguida de mais duas filtragens | Trituração (desagregação) das fibras | Filtragem da polpa para obtenção da folha |

Existem os processos chamados de mecânicos q ue compõem o conjunto das etapas: corte, filtração, maceração, trituração (desagregação), diluição da polpa e secagem. O cozimento é considerado um processo químico, onde acontecem as transformações químicas, como mudança de cor devido ao cozimento, surgimento de outros compostos cromóforos na quebra de ligações da lignina, liberação das fibras de celulose. Para facilitar a visualização das etapas, vamos utilizar um fluxograma de processos, que consiste na organização das etapas na sua ordem de execução por meio de quadros interligados. Podem ser no sentido vertical ou horizontal, o importante é ter as informações básicas, assim qualquer pessoa pode entender como acontece a produção.

Imagem 10. Fluxograma das etapas de produção de papel

```
CORTE ⇒ COZIMENTO ⇒ FILTRAGEM
                            ⇓
TRITURAÇÃO ⇐ MACERAÇÃO ⇐ NEUTRALIZAÇÃO
    ⇓
DILUIÇÃO ⇒ OBTENÇÃO ⇒ SECAGEM
```

Fonte: Imagem elaborada pela autora.

PREOCUPAÇÃO COM A QUANTIDADE DE ÁGUA UTILIZADA DURANTE O PROCESSO

Devemos ter também uma grande preocupação com a nossa produção de papel artesanal, que também necessita desse recurso que precisamos preservar.

Durante a produção artesanal aprimoramos várias técnicas para diminuição do seu uso. Durante o cozimento, filtragem, maceração, trituração e obtenção das folhas utiliza-se água.

TINAS – Usadas para "puxar" as telas
Fonte: Acervo da autora

Cozimento – Reduzimos e otimizamos a quantidade de água utilizada, já que o pseudocaule de bananeira possui cerca de 80% de água em sua composição. Para cada lata de 18 litros utilizamos 9 litros de água. Essa água é tratada após o cozimento para ser lançada no esgoto.

Maceração e lavagem – Durante a maceração e lavagem antes usávamos água corrente, agora aperfeiçoamos o número de lavagens, duas apenas, que correspondem à utilização de dois baldes de 15 litros cada.

Obtenção das folhas de papel – Para "puxar" as telas antes utilizávamos uma caixa d'água de 500L, colocava-se no mínimo 250 L de água para puxar as telas, em média 50 telas. Agora aprimoramos esse processo utilizando tinas (usadas para alimentar animal em grandes fazendas, conhecido como "coxos"). A quantidade de água para puxar as telas são 60 litros, e consegue-se obter bem mais que 50 telas com essa quantidade de água.

 INVESTIGAR E EXPERIMENTAR

Sugestões de organização do trabalho:

Divida a turma em cinco equipes e peça que cada uma dessas equipes desenvolva uma das partes do experimento. Em seguida faça um debate com a turma completa e peça para que cada equipe exponha seus resultados.

> *ATENÇÃO*
> *Para realizar essa atividade, o professor e os alunos deverão usar em todas as etapas os seguintes EPIs: LUVAS, AVENTAL E ÓCULOS.*

IMPORTANTE: Após a realização de cada experimento, guarde em geladeira (ou local arejado) todo o caldo e a polpa em recipientes separados e fechados (um pote de sorvete). Esse caldo será utilizado na realização dos experimentos da próxima unidade. E a polpa será utilizada nas próximas unidades.

AS ETAPAS DE PRODUÇÃO DO PAPEL

O que vamos precisar:

- Da polpa cozida no experimento da unidade anterior; Uma peneira com tela de nylon bem fina;

- Um coador de café de tecido de algodão tamanho médio; Um liquidificador doméstico ou semi-industrial;
- Água;
- Uma colher de sopa de aço inox.

Como fazer:
- Pegar a polpa cozida e realizar a primeira **filtração** na peneira de nylon. Reserve o primeiro caldo e a polpa filtrada em um recipiente fechado e guarde em uma geladeira (ou local bem fresco e arejado).
- Em seguida pegar a polpa e realizar mais duas filtrações no coador de tecido de algodão. Reserve a água retirada das filtrações em recipiente fechado. Com auxílio da colher vá "amassando" até obter uma textura homogênea. Esse é o processo de **maceração** da polpa.
- Levar essa polpa macerada para o liquidificador, colocar água um pouco acima da polpa e bater. Esse é o processo de trituração, mais conhecido para a produção de papel como **desagregação**.

Discutindo, fazendo e aprendendo:
3. Durante as etapas realizadas, utilizamos água. Quais seriam as maneiras de reduzir esse seu consumo nesses processos?
4. Construa um fluxograma de acordo com as etapas que foram realizadas até agora (desde o corte).
5. Qual a importância da utilização de um fluxograma?
6. Os processos realizados são processos mecânicos ou físicos, de acordo com sua pesquisa?

 AGIR EM SOCIEDADE

PRESERVAR NOSSO BEM PRECIOSO: A ÁGUA

A água é um recurso indispensável à vida, apesar de sua grande importância, corremos o risco de ficar sem ela, muitos lugares já sofrem com a falta desse recurso.

O consumo da água vem aumentando com o passar das gerações. Vários fatores tiveram uma contribuição significativa para esse fato como o aumento da industrialização, da população e da migração para os grandes centros.

EVOLUÇÃO DO CONSUMO DE ÁGUA PELO HOMEM

ÉPOCA	CONSUMO EM LITROS POR DIA
Antes de Cristo	12
Império Romano	20
Século XIX (cidades pequenas)	40
Século XIX (cidades grandes)	60
Século XX	800

Fonte: MACEDO, J. A. B., Águas & Águas, Ortofarma, Juiz de Fora, MG, 2000.

A agricultura é a campeã em consumo de água. Atualmente a agricultura irrigada chega a consumir 34% de toda água usada pela população da Terra. Por isso o problema da escassez se agrava mais ainda quando nos deparamos com projetos de irrigação mal planejados que podem provocar impactos ambientais como assoreamento, salinização de regiões áridas e semiáridas, contaminação por agrotóxicos e inseticidas etc.

Também na produção de bens de consumo, a utilização da água aumenta a cada dia e com esse aumento agravam-se os problemas de poluição. Apesar dos grandes programas ambientais que a maioria das indústrias realiza com tratamentos de água, ainda são poucos em relação à quantidade de indústrias que surgem a cada dia. Não podemos esquecer que algumas nem se preocupam com esse bem. Eis alguns números do consumo industrial: para produção de 1 kg de alumínio, gastam-se 1000.000 L; para 1 kg de papel, gastam-se 250 L de água.

Por isso temos que nos preocupar com a produção de papel e o grande consumo de água que essas indústrias têm diariamente, além da derrubada de árvores, matéria-prima para produção de papel. É bom lembrar que essas ações aumentam as erosões e o assoreamento, comprometendo também a disponibilidade de água potável.

Fonte: www.canalkids.com.br

Devido a essas e outras preocupações, a sociedade tem promovido alguns esforços para amenizar essa questão. Quanto ao trabalho de conscientização, sem dúvida, a escola é o melhor lugar para executá-lo. Assim, a equipe gestora juntamente com os professores devem estimular e realizar com os estudantes trabalhos práticos ligados à economia de água.

Ao professor cabe a função de não só esclarecer acerca da importância da água para a vida e as várias

formas de utilização, mas também alertar sobre a escassez desse recurso e

em que há os maiores desperdícios. Trabalho dessa natureza é de grande importância, isso porque não somente o estudante é alcançado, mas toda a família. Muitas vezes, o próprio estudante conscientiza os pais sobre os riscos da escassez de água.

Desse modo, começar demonstrando os números do desperdício e da economia é uma etapa inicial interessante. Precisamos saber que cada pessoa precisa de, no mínimo, 50 litros de água por dia, enquanto que, com 200 litros, vive confortavelmente; necessita de 87.000 litros durante toda a vida, ou aproximadamente 1.325 litros todos os anos, só para beber.

Mas existem dados assustadores devido à má distribuição e à contaminação da água potável. Atualmente, cerca de 1,4 bilhões de pessoas não têm acesso à água limpa, e a cada oito segundos morre uma criança por doença relacionada com água contaminada.

DESPERDICIO	ECONOMIA
Banho em ducha de alta pressão durante 3 minutos – 27L	Banho de chuveiro elétrico durante 3 minutos – 8L
Escovar os dentes com torneira aberta 5 minutos – 15L/dia	Escovar os dentes com torneira fechada – 6L/dia
Lavar o carro com mangueira aberta por 30 minutos – 560L	Lavar o carro com balde – 40 L
Gotejamento de torneira com 2mm de abertura – 4512 L	Gotejamento de torneira com 1mm de abertura – 2068 L

FONTE: MACEDO, J. A. B., Águas & Águas, Ortofarma, Juiz de Fora, MG, 2000.

Então é preciso que tenhamos mais consciência no uso da água e, por parte do governo, um maior cuidado com a questão do saneamento e abastecimento. Pensar na economia, redução e reuso seria um bom começo. Por exemplo, 90% das atividades modernas poderiam ser realizadas com água de reuso. Além de diminuir a pressão sobre a demanda, o custo dessa água é pelo menos 50% menor do que o preço da água fornecida pelas companhias de saneamento, porque não precisa passar por tratamento. Vamos contribuir para que as próximas gerações também tenham água.

DELIMITAR UM PROBLEMA E PROCURAR SOLUÇÕES...

Como é seu consumo de água dentro da escola? Você se preocupa em economizar, ou não se importa com isso? E em casa como é seu consumo? Seus pais orientam sobre esse assunto?

O que depende de você para que aconteça uma economia de água tanto na escola como também na sua casa?

Você acha importante preservar e garantir os recursos naturais para as próximas gerações?

PARTIR PARA AS AÇÕES...

Discuta com seus colegas e proponha um projeto com ações possíveis (atitudes, campanhas, criações, reformas etc.) que ajudariam a diminuir o uso de água dentro da escola e as maneiras de reaproveitá-la. Apresente ao corpo docente e à equipe gestora como propostas a serem realizadas.

7

QUÍMICA VERDE E A PRODUÇÃO DE PAPEL

 REFLETIR E QUESTIONAR

O desenvolvimento e a criação de novos materiais nos forneceram uma vida com muito conforto e escolhas. Porém também causou impactos ambientais muitas vezes irreversíveis, pois muito dos produtos desenvolvidos não existem na natureza. Assim, a natureza não possui ferramentas para sua decomposição, além de causar danos inclusive à saúde do ser humano. Então atualmente será que existe uma preocupação com esses materiais, algum tipo de tratamento para descarte ou reutilização?

Na produção de papel (industrial e artesanal), se produz resíduos ou rejeitos?

Quais tratamentos utilizar? Será que esses materiais são prejudiciais ao ambiente?

Fonte: www.canalkids.com.br

PESQUISAR E DESCOBRIR

PARTE 1

Pesquisar sobre a diferença entre resíduos e rejeitos e a importância do tratamento de resíduos e rejeitos. O que é Química Verde, seu conceito, importância e aplicações. Diferenças ambientais entre os processos industriais e artesanais na produção de papel.

PARTE 2

Pesquisar sobre ácidos e bases mais utilizados no cotidiano (características e utilidades), conceitos básicos de acordo com a teoria de Arrhenius, indicadores, pH e reações de neutralização.

ESTUDAR E APRENDER

IMPORTÂNCIA DO TRATAMENTO DE RESÍDUOS E REJEITOS DAS ATIVIDADES EXPERIMENTAIS

Deve existir uma preocupação com os materiais ou substâncias utilizadas durante a realização de experimentos no Ensino Médio. Muitos são perigosos devido às suas propriedades e possíveis transformações. Podem apresentar características de inflamabilidade, corrosividade, reatividade ou toxicidade, transformando-se em materiais que, em função de seu caráter tóxico e de potenciais danos ao ambiente. Por isso é importante que não sejam descartados em lixo comum ou em redes de esgoto, esses **resíduos** devem ser recuperados para reutilização e os **rejeitos** descartados de forma adequada. A diferença entre eles é o seguinte:

RESÍDUO - São materiais que restaram dos processos ou dos experimentos que possuem um potencial de uso com ou sem tratamento, ou seja, podem ser reutilizados em outros experimentos.

REJEITO – São restos de materiais de atividades experimentais que não podem ser reutilizados de maneira alguma, devendo ser tratados para descarte final.

Por isso durante o planejamento e a escolha das atividades experimentais devemos nos atentar para a redução do uso de materiais que gerem resíduos ou rejeitos causadores de danos ao ambiente. Reduzindo a quantidade de materiais, ou seja, diminuindo a escala, podemos diminuir também a poluição, os riscos de acidentes, a quantidade de resíduos e rejeitos gerados e também o custo dessas atividades. Evitando assim que esses materiais fiquem velhos, vencidos e se acumulem no laboratório, aumentando os riscos de derramamentos e acidentes.

Seria interessante se todos os resíduos pudessem ser reaproveitados em outros experimentos, mas se isso não for possível devem ser tratados seguindo as normas de segurança e da legislação ambiental[5] e só assim poderão ser descartados na pia ou no lixo comum.

Precisamos evitar as práticas não sustentáveis de jogar na pia ou no lixo qualquer resíduo ou rejeito gerado em aulas experimentais. Quando nos preocupamos com o tratamento de resíduos estamos despertando a responsabilidade socioambiental e promovendo uma conscientização sobre ética e preservação do nosso meio.

Para diminuir e utilizar de maneira racional as substâncias e materiais preocupando-se com as questões ambientais e econômicas, podemos nos basear na teoria dos **5Rs (Recusar, Reduzir, Reusar, Reciclar e Recuperar)**, garantindo uma inserção da Educação Ambiental durante a realização de experimentos. Para diminuir a produção de resíduos químicos, precisamos:

- Recusar embalagens descartáveis e o consumismo exagerado;

- Reduzir fontes geradoras de poluição;

- Utilizar reagentes que causem menor impacto ambiental

- Reusar, recuperar e reciclar, sempre que possível, os resíduos químicos;

- Planejar a aquisição de produtos químicos em pequenas quantidades.

Mesmo tomando todas essas atitudes, ainda assim são produzidos resíduos e rejeitos e, nesses casos, precisamos realizar alguns procedimentos que ajudem a melhorar o tratamento desses materiais, minimizando os possíveis riscos:

---

5   Para saber mais, pesquise sobre a Resolução Conama Nº 357/2005 (BRASIL, 2005a) e a Norma ABNT/NBR 9800 (1987).

- Rotular os recipientes conforme seus conteúdos e riscos. Cada rótulo deve indicar claramente: a composição química aproximada, os nomes das substâncias contidas, suas concentrações, seus riscos físicos e para a saúde, a procedência (laboratório de origem), o nome do responsável pelo laboratório e a data de coleta;

- Armazenar corretamente os recipientes até o descarte, respeitando possíveis incompatibilidades entre seus conteúdos;

- Ao utilizar sacos plásticos como recipientes primários, usar outro recipiente rígido, como plástico ou caixa de papelão, para embalar;

- Redobrar os cuidados com a segurança dos indivíduos que manuseiam resíduos/rejeitos, utilizando os Equipamentos de Proteção Individual e Coletiva imprescindíveis à atividade.

Alguns dos rejeitos químicos mais comuns encontrados em laboratórios de Ensino Médio podem ser facilmente tratados e adequadamente descartados, quando em pequenas quantidades e de acordo com a legislação. Um dos casos que vamos utilizar e podemos destacar como exemplo:

- Ácidos e bases inorgânicas (isentos de metais tóxicos) devem ser neutralizados ($6,0 < pH < 8,0$) e diluídos antes de serem descartados na pia.

O tratamento de resíduos e rejeitos tem papel importante no compromisso ético com nosso ambiente e com nossas vidas. E não deixa de ser uma importante ação da Educação Ambiental, favorecendo o conhecimento, o desenvolvimento de percepção crítica e a mudança de atitude dos indivíduos.

QUÍMICA VERDE

A adoção de ações preventivas com relação ao manuseio de produtos químicos está relacionada com a **Química Verde**, que determina as mudanças para ações e posturas mais sustentáveis que preservem o ambiente. Para que isso aconteça, é preciso desenvolver uma consciência ambiental mais próxima da nossa realidade. Por isso temos que incentivar e aprimorar a utilização de experimentos que sejam ambientalmente limpos priorizando seu potencial socioambiental no processo de formação do educando.

Fonte: www.inovacao tecnologica.com.br

A química verde pode ser definida como a utilização de técnicas químicas e metodologias que reduzem ou eliminam o uso de materiais tóxicos que sejam nocivos ao homem ou ao ambiente. Isso já vem acontecendo em várias atividades industriais que controlam emissões de poluentes. Por isso também de sua inserção em atividades de ensino e pesquisa.

Nas últimas décadas, a geração de resíduos que contribuem para a poluição da água, do ar e o aumento do efeito estufa se transformou em um grande problema, surgindo assim uma grande necessidade de ações que sejam sustentáveis, que foram iniciadas por meio de várias discussões e conferências internacionais como a ECO-92, a assinatura do Protocolo de Kyoto e a Cúpula Mundial sobre Desenvolvimento sustentável (Rio+10).

UM POUCO DE HISTÓRIA ...

A química verde (*green chemistry*) ou química sustentável foi criada em 1995 nos EUA pela EPA (Environmental Protection Agency), a Agência de Proteção Ambiental em colaboração com a American Chemical Society (ACS) e o Green Chemistry Institute. Na Europa, Japão e Estados Unidos foram inclusive criados Prêmios para incentivar pesquisadores de Indústrias e Universidades a desenvolverem tecnologias empregando os princípios da química verde. Na Europa, a Royal Society of Chemistry (RSC), com o apoio de setores industriais e governamentais, instituiu em 2001 o U.K. Green Chemistry Awards para premiar empresas e jovens pesquisadores que desenvolvessem processos químicos, produtos e serviços que levassem propostas para um ambiente mais sustentável, limpo e saudável.

Por isso atualmente existe uma preocupação tão grande com o tratamento e a reutilização de resíduos industriais e laboratoriais (tanto de ensino quanto de pesquisa) que podem diminuir a poluição ambiental. São exemplos de iniciativas que mostram a crescente preocupação mundial com as questões ambientais. A química verde pode ser encarada como a associação do desenvolvimento da química à busca da autossustentabilidade.

Antes a preocupação era somente com a criação de um novo material, não havia uma preocupação com seu uso e despejo. Atualmente para se criar ou projetar novos materiais ou processos é preciso se atentar para que estes sejam compatíveis com o meio em que será utilizado e principalmente despejado. Ou seja, criar a partir de matéria-prima renovável, com propriedades físicas e químicas suficientes para substituir os materiais hoje existentes, criando processos e materiais biodegradáveis sem esquecer jamais da fauna, da flora e do ser humano de hoje e também das próximas gerações.

1. Prevenção	*2. Economia de material*
3. Síntese de substâncias menos nocivas	*4. Projeto de substâncias mais seguras*
5. Solventes e substâncias auxiliares mais seguras	*6. Projeto para eficiência energética*
7. Uso de matérias-primas renováveis	*8. Redução de produção de derivados*
9. Catálise	*10. Projeto para degradação*
11. Análise em tempo real para prevenir a poluição	*12. Química mais segura para prevenção de acidentes*

OS DOZE PRINCÍPIOS DA QUÍMICA VERDE

QUÍMICA VERDE E A PRODUÇÃO INDUSTRIAL DE PAPEL

Nos últimos anos, a preocupação com o ambiente vem aumentando, em que vários rios e lagos estão sendo contaminados pelos efluentes industriais. As indústrias de papel e celulose como sendo grandes consumidoras de água e geradoras de efluentes vêm sofrendo, portanto, fortes pressões a fim de minimizar os impactos de suas atividades sobre o ambiente.

Durante o processo de produção do papel estão associados alguns problemas ambientais. Existem, mesmo em pequenas concentrações, gases com odores provenientes de materiais que contêm enxofre (mercaptanas – compostos orgânicos que contém enxofre), que são formados durante a remoção de lignina pelo processo industrial Kraft. Nesse processo os cavacos são tratados com soda cáustica e sulfeto de sódio em vasos de pressão, denominados digestores, com o objetivo de dissolver a lignina, preservando, assim, a resistência das fibras. Esses gases malcheirosos são um dos maiores problemas de poluição do ar nesse processo.

O consumo de água em uma indústria de papel depende de seu tamanho e pode variar de 40 a 150 metros cúbicos por tonelada de polpa, e só o processo de branqueamento é responsável por 45 a 60% desse valor.

Esses fatos serviram para obrigar indústrias a investir em novas tecnologias para reduzir o consumo de água e diminuir a carga e o fluxo de efluente a ser tratado.

Para isso, novas técnicas estão sendo aplicadas para atingir as metas ambientais, podemos citar:

- Recirculação do filtrado do branqueamento;
- Melhor gerenciamento da água e controle do processo;
- Menor aquecimento do licor negro;
- Reutilização da água de selagem das bombas de vácuo;
- Controle e recuperação de vazamentos das partes que estão fechadas no sistema
- Reutilização da água branca da máquina de papel

UM POUCO DE HISTÓRIA ...

Por volta de 1960, foi reconhecida a necessidade de proteção ao ambiente, forçando várias fábricas a implementar um meio efetivo de eliminar o licor residual de cozimento, queimando ou tratando o efluente, ou fechassem. Muitas das fábricas pequenas, diante do alto custo de instalação de um sistema de recuperação química, decidiram fechar as portas. Devido às grandes quantidades de reagentes químicos necessárias na produção industrial de papel, era indispensável um sistema de recuperação desses reagentes químicos.

ÁCIDOS E BASES

Para entendermos como se dá o processo de tratamento de rejeitos por meio de reações de neutralização, é necessário entender como acontecem essas reações e os conceitos envolvidos sobre ácidos, bases, indicadores e pH.

ÁCIDOS – A palavra ácido vem do latim acidus e significa azedo ou picante. E segundo a teoria de Arrhenius é toda substância que dissolvida em água libera íons hidrogênio (H+). Como são substâncias moleculares (não possuem íons), para liberarem cátions H+ é preciso ocorrer o processo chamado **ionização** (em contato com a água acontece o rompimento de ligações covalentes com formação de íons). E podem neutralizar as bases.

BASES – Conhecidas também por álcalis, de origem na palavra árabe álcali, que significa "cinzas vegetais". São soluções escorregadias ao tato eadstringentes. São corrosivas. E segundo Arrhenius é toda substância que dissolvida em água libera íons (OH$^-$). Como são substâncias iônicas (exceto a amônia – NH3), o processo de liberação acontece por dissociação iônica (em contato com a água acontece a separação dos íons já existentes). E podem neutralizar os ácidos.

pH – A escala de pH indica se uma solução líquida é ácida (pH menor que 7), neutra (pH igual a 7), e básica (pH maior que 7). O símbolo pH significa uma grandeza físico-química denominada "potencial hidrogeniônico". Essa grandeza indica a acidez, neutralidade ou alcalinidade de uma solução líquida. Quanto mais ácida (menos básica) a solução, menor será o valor de pH. Quanto menos ácida (mais básica), maior será o valor de pH.

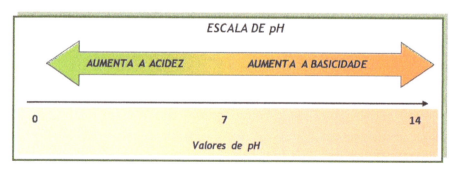

INDICADORES DE ÁCIDO E BASE - São substâncias orgânicas que possuem moléculas grandes que se alteram em função da acidez ou alcalinidade do meio. Quando essas estruturas se alteram mudam de cor. Existem várias substâncias extraídas de plantas que servem de indicadores naturais, como o extrato do repolho roxo, de beterraba, chá preto. O suco de repolho roxo adquire cor vermelha em contato com soluções ácidas e cor verde ou azul em meio básico.

NEUTRALIZAÇÃO – Quando se mistura um ácido e uma base, ocorre uma reação de neutralização, e os produtos formados são água e sal. O cátion H+ do ácido reage com o ânion OH- da base e forma a água (H+ OH-).

$$1\,H^+ + 1\,OH^- \rightarrow 1\,H2O$$

O cátion da base reage com o ânion do ácido formando o sal. Um bom exemplo é a reação entre ácido clorídrico (HCl) e hidróxido de sódio (NaOH), que tem como produto água e cloreto de sódio (sal de cozinha).

$$H^+\,Cl^- + Na^+\,OH^- \rightarrow NaCl + H2O$$

Esse tipo de reação é muito utilizado em tratamentos de resíduos e rejeitos com pH ou muito alto (materiais básicos), ou muito baixo (materiais ácidos). Durante a produção de papel temos um caldo após o cozimento em que o pH chega a medir até 12 devido aos resíduos de hidróxido de sódio que não reagiram, ou seja, necessita da adição de um ácido para neutralizar esse caldo para que este possa ser descartado na pia. O ácido utilizado nesse caso é o ácido acético, principio ativo do vinagre (CH_3COOH).

TRATAMENTO DE REJEITOS NA PRODUÇÃO DE PAPEL ARTESANAL

Na produção de papel artesanal, o processo de tratamento de resíduos que será utilizado é a **neutralizaç**o do caldo. Esse caldo é retirado por meio de uma filtração após o cozimento da polpa. Apesar das reações químicas entre o hidróxido e sódio e a lignina que acontecem durante o cozimento, nem todo o hidróxido de sódio reage, ficando assim resíduos desse álcali (uma base). E para tratar ácidos e bases inorgânicas, é necessário neutralizá-los (para que fiquem com pH neutro – entre 6,5 e 7,5 aproximadamente). Depois dessa neutralização podem ser serem descartados no esgoto.

Para realizar essa neutralização utiliza-se o vinagre, que contém ácido acético em concentração de 4% (que significa 4 g de ácido acético em 100g de vinagre). É um ácido fraco, não agride o ambiente, não é tóxico e nem perigoso nessas concentrações.

Inicialmente medimos o pH com a fita, geralmente o valor fica em torno de 10 a 12, ou seja, um caldo bem alcalino. Coloca-se 250 mL de vinagre para neutralizar em média 15 litros do primeiro caldo que foi filtrado, mede-se o pH novamente e quando é preciso acrescenta-se mais vinagre até atingir o pH de 6,5 a 7,5.

Para as duas lavagens restantes, basta adicionar 50 mL em cada maceração, assim será retirado os resíduos de álcalis da polpa.

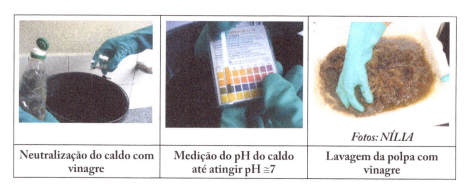

| Neutralização do caldo com vinagre | Medição do pH do caldo até atingir pH ≅ 7 | Lavagem da polpa com vinagre |

Fotos: NÍLIA

 INVESTIGAR E EXPERIMENTAR

PRODUÇÃO DE UM INDICADOR ÁCIDO-BASE DO UMBIGO DA BANANEIRA

Vamos precisar de:

- Um umbigo (coração) de bananeira
- Uma faca
- 200 mL de álcool etílico (96%)
- Grau e pistilo (ou pilão de plástico encontrado em cozinha)

Como fazer:

- Pegar o umbigo e retirar as flores amarelas, utilizar as primeiras "folhas" e cortar em tamanhos quadrados bem pequenos (escolher sempre aquelas com a cor mais acentuada, ou seja, as primeiras).

- Colocar no grau, acrescentar um pouco de álcool para umedecer, e macerar bem com pistilo.

- Coloque o umbigo macerado em um pote ou vidro que tenha tampa em seguida acrescente álcool até cobrir completamente o umbigo cortado, feche o frasco (vidro ou plástico, de preferência escuro, para evitar para se conservar) e guarde em geladeira ou local fresco e arejado.

- Realize o mesmo procedimento trocando o álcool por água. Descreva suas observações e enumere as diferenças visíveis entre os indicadores obtidos.

- Identificar os dois indicadores em **A (macerado com álcool), B (macerado com água)** e reserve para a próxima atividade.

IDENTIFICAÇÃO DO CARÁTER DOS MATERIAIS UTILIZADOS NA PRODUÇÃO DE PAPEL ARTESANAL

Vamos precisar de:

- 100 mL do novo indicador ácido-base do umbigo da bananeira

- Três conta-gotas Vinagre

- Hidróxido de sódio (soda cáustica) Carbonato de sódio (barrilha)

- Peróxido de hidrogênio (água sanitária) Grau e pistilo (ou pilão de plástico encontrado em cozinha)

- Quatro béqueres ou copos de vidro Proveta de 50 ou 100 mL

Como fazer:

A PREPARAÇÃO DA ESCALA DE ACIDEZ

1. Preparar três soluções como parâmetro de cores:

2. **Solução ácida** (ácido clorídrico) – Em um béquer, dilua 2 mL de ácido clorídrico em 20mL de água.

3. **Solução básica** (hidróxido de sódio) – Em um béquer, dissolva uma ponta de colher de chá de hidróxido de sódio em 20 mL de água.

4. **Solução neutra** – Coloque 20 mL de água em um béquer.

5. Em seguida pingue o indicador A nessas soluções, observe e anote as cores e relacione as cores com o caráter de cada material.

A PREPARAÇÃO DAS SOLUÇÕES

1. Dissolver uma ponta de colher de sobremesa de hidróxido de sódio em 40 mL de água, misturar bem. Dividir essa solução em dois béqueres, colocando 20 mL em cada. Enumerar as soluções em 1-A e 1-B.

2. Repetir o procedimento anterior utilizando carbonato de sódio. Enumerar as soluções em 2-A e 2-B.

3. Colocar 20 mL de vinagre em um béquer de 50 mL e acrescentar mais 20 mL de água. Enumerar as soluções em 3-A e 3-B.

4. Colocar 20 mL de água oxigenada em um béquer de 50 mL e acrescentar mais 20 mL de água, dividir em dois béqueres. Enumerar as soluções em 4-A e 4-B.

    • Gotejar o **indicador número A** nas soluções de 1-A a 4-A. Observar e anotar as alterações. Se preferir, para uma maior organização, desenhe uma tabela e coloque os resultados obtidos.

    • Em seguida gotejar o **indicador número B** nas soluções de 1-B a 4-B. Observar e anotar as alterações. Se preferir, para uma maior organização, desenhe uma tabela e coloque os resultados obtidos.

Discutir, pesquisar e descobrir:

1. Quais a cores que surgiram? Por quê?

2. Quais as diferenças entre os testes com o indicador A e B?

3. O que se pode concluir sobre o preparo desses indicadores? Com qual deles os resultados foram melhores? Por quê?

4. Como podemos caracterizar esses materiais? Pela diferença de cor podemos tirar quais conclusões?

5. Quais propriedades eles têm em comum? Divida-os por grupos.

6. Preencha o quadro a seguir:

Solução	1-A	1-B	1-C	1-D	2-A	2-B	2-C	2-D
Cor								
Caráter								

NEUTRALIZAÇÃO DOS REJEITOS DA PRODUÇÃO DE PSEUDOCAULE DE BANANEIRA

Vamos precisar de:
- Caldo filtrado (experimento da unidade anterior)
- Conta-gotas Vinagre Proveta
- Três béqueres ou copos de vidro Fita de pH (papel indicador)

Como fazer:
- Medir em proveta 60 mL do caldo filtrado e transferir para béqueres ou copos.
- Em seguida com a fita meça o pH de cada caldo e anote (se tiver phmêtro, faça a medição do pH também com ele e compare).
- Calcular a quantidade de vinagre necessária para neutralizar 60mL de caldo, lembrando que para neutralizar 15 litros é preciso de 250 mL de vinagre.
- Anote o pH após adição do vinagre.
- Se o pH estiver entre 6,5 e 7,5, poderá descartar esse caldo na pia. Se não, acrescente mais vinagre até atingir esse valor de pH.

Discutindo, pesquisando e aprendendo:

1. Por que não tem como utilizar o indicador preparado com umbigo de bananeira para verificar o caráter do mosto?

2. Por que é necessário que o pH para descarte fique entre 6,5 e 7,5? Se o caldo fosse jogado na pia sem tratamento, o que poderia acontecer?

3. Pesquise e explique sobre indicadores naturais e artificiais, dê exemplos.

4. O que é uma reação de neutralização?

5. Sabendo que no caldo ainda há resíduos de hidróxido de sódio, considerando que o vinagre só reagirá com ele, descreva a reação de neutralização entre o hidróxido de sódio (NaOH) e o componente principal do vinagre – o ácido acético (CH_3COOH).

6. Em sua opinião, qual a importância do uso de EPIs, do tratamento de rejeitos e da redução do uso da água na produção artesanal de papel?

 AGIR EM SOCIEDADE

LIXO: POR QUE DEVEMOS NOS PREOCUPAR COM ELE?

Atualmente a questão dos resíduos sólidos – o lixo – tem gerado várias discussões entre ambientalistas, governo e população principalmente nas escolas. O lixo é considerado uma grande diversidade de resíduos sólidos. A geração desses resíduos depende, principalmente, dos hábitos de consumo de cada país ou comunidade, e está relacionada com o poder econômico de uma dada população. Com a maioria das pessoas vivendo nas cidades e com o avanço mundial da indústria, provocando mudanças nos hábitos de consumo da população, o resultado é um lixo diferente em quantidade e diversidade. Hoje podemos encontrar até mesmo em zonas rurais garrafas pets, sacos plásticos, fraldas descartáveis acumulando-se devido a formas inadequadas de eliminação.

Fonte: www.sites.google.com

Com o grande avanço populacional, o consumo de produtos se torna bem maior a cada dia. A produção de bens de consumo está preocupada em produzir materiais menos duráveis e mais descartáveis. Essa mentalidade da sociedade acaba por gerar uma quantidade maior de resíduos sólidos, agravando o problema nos grandes centros urbanos. Há alguns anos a produção de resíduos era apenas algumas dezenas de quilos por habitante/ano; mas nos dias atuais, países altamente industrializados como os Estados Unidos, por exemplo, produzem mais de 700 kg/habitante por ano. No Brasil, nas cidades que possuem mais habitantes, a média de lixo produzido fica em torno de 180 kg/habitante por ano.

Fonte: www.rudzerhost.com

A Agenda 21 traz em seus capítulos a preocupação com o tratamento de resíduos e rejeitos e destaca a importância desse comportamento. Em um dos seus capítulos relata o manejo de resíduos, que deve ir além do simples depósito ou aproveitamento por métodos seguros dos resíduos gerados, deve-se buscar a solução do problema, procurando mudar os padrões não sustentáveis de produção e consumo, tentando, assim, relacionar o desenvolvimento

com a proteção do ambiente. O documento se refere também às ações que devem estar relacionar-se com a redução ao mínimo dos resíduos e o aumento ao máximo da reutilização e reciclagem ambientalmente saudáveis dos resíduos.

Existem várias maneiras de dispor ou tratar o lixo, como: incineração, compostagem, aterros sanitários ou industriais. Mas juntamente com eles também estão associados vários impactos ambientais: produção de gases tóxicos, poluição de lençóis freáticos, grande consumo de água etc. Então o grande desafio é não gerar lixo, mas como isso é quase impossível no modelo de vida adotado na produção e no consumo, devemos, então, pelo menos, minimizar sua geração.

Do ponto de vista ecológico, a reciclagem é um processo muito eficiente no tratamento de plástico, vidro, metal, papel e papelão, mas deve ser feita de maneira planejada e organizada para não causar nenhum dano ao ambiente e às pessoas que trabalham com essa atividade.

Durante o processo de reciclagem há uma economia de materiais extraídos da natureza, de energia e água que seriam usados na fabricação de novos produtos. Além de gerar vários empregos, movimentando assim uma economia considerável, ajuda a sociedade em uma perspectiva social e também ecológica.

Por meio da conscientização e de programas de Educação Ambiental desenvolvidos na escola, na comunidade e na sociedade, podemos mudar nossas escolhas enquanto consumidores: diminuir, em nossas casas, o desperdícios de água, energia, alimentos, bens de consumo etc.; escolher embalagens de produtos recicláveis ou ecologicamente corretos; recusar, por exemplo, aqueles que possuem várias embalagens, principalmente de plástico; preferir embalagens retornáveis, diminuindo o uso das descartáveis.

A recusa de tais produtos com múltiplas embalagens representa a consolidação de um "R" muito importante – recusar –, que incentiva atitudes ambientalmente responsáveis, tanto de indústrias como dos consumidores. Atitudes como essas podem reduzir em até 50% a quantidade de resíduos sólidos domésticos encaminhados aos aterros.

Sabemos que os programas "R" são caracterizados segundo a visão e os objetivos de cada instituição que irá desenvolver essa conscientização. Por isso reforçamos aqui o programa 5Rs, em que acreditamos somar e completar os 3Rs já tão disseminados. Acreditamos que Recusando – Reduzindo – Reaproveitando – Reciclando – Recuperando, estaremos inseridos em uma proposta para trabalhar Educação Ambiental em nossa escola e também em nossa sociedade.

Os resíduos gerados pela sociedade (sejam eles domésticos, industriais, hospitalares, nucleares etc.) são um grande problema, tanto pela quantidade quanto pela toxicidade de tais rejeitos. Mas para resolver esse problema é preciso não só atitudes governamentais ou decisões de empresas como o empenho de cada cidadão. Nós temos que recusar produtos potencialmente impactantes, participar de organizações não governamentais e também separar nossos resíduos dentro de casa, facilitando assim processos de reciclagem. As discussões e debates na escola e em casa sobre a questão do lixo é uma forma começarmos a tomar atitudes que resultem em melhorias tanto da nossa qualidade de vida quanto no nosso ambiente.

DELIMITAR UM PROBLEMA E PROCURAR SOLUÇÕES...

Como é a coleta de lixo em sua casa? E na sua escola?
Existe algum programa de reciclagem ou coleta seletiva em sua escola?
E em sua cidade? (se não souber pesquise e se informe) Você acha que separar o lixo é importante? Por quê?
O que depende de você para que aconteça uma redução de produção de lixo, tanto na escola como também em casa?

PARTIR PARA AS AÇÕES...

Discuta com seus colegas e proponha ações que ajudariam na redução de lixo produzido na escola. E em relação à coleta seletiva, se existir em sua escola proponha melhoras, se ainda não tem, proponha formas de ser implantada. Apresente as propostas para a equipe gestora e planeje juntamente com elas a execução dessas ações.

8

Branqueamento do Papel

 REFLETIR E QUESTIONAR

Os processos de branqueamento ou clareamento não são novidades, eles existem há várias décadas em diferentes tipos de atividades, na área de estética (cabelos, pelos), na área de odontologia (clareamento dos dentes), indústrias têxteis (tecidos de fibras naturais e sintéticas) etc. Um dos processos que sofreu inúmeras transformações industriais foi o branqueamento do papel, que a cada dia procura novas substâncias, técnicas, materiais para que o processo seja menos dispendioso e mais limpo.

E o papel artesanal, como é feito o processo de branqueamento ou clareamento? Será que nesses processos deve haver uma preocupação com o ambiente?

ESTUDAR E APRENDER

Branqueamento: Um pouco de história

Desde a antiguidade se busca o papel branco, até mesmo da invenção do próprio papel na China. Os melhores pergaminhos eram os mais brancos: as vitelas, os papiros deviam ser claros e luminosos. Na tentativa de conseguir essa brancura, sempre se investigou sobre esses processos. Nos povos do Extremo Oriente, obtinha-se a brancura com facilidade devido ao tipo de fibras que eram usadas. Os papéis orientais sempre foram famosos pela brancura, por exemplo, o Kozo. Além de ser claro, fica mais claro ainda ao retirar as impurezas da casca e ao fervê-la com carbonato de sódio. E se expõe ao sol, a sua brancura é ainda maior. A fibra de Mitsumata tem uma brancura luminosa parecendo prata.

> Em 1774, um químico sueco, Carl Scheeler, descobriu o cloro elementar, comprovando o seu branqueador sobre as fibras vegetais. Pouco depois o escocês Charles Tennant patenteou um pó branqueador cuja base era composta por cloro e cal diluída.

Até o século XIX conseguia-se o branqueamento por meio do calor do sol sobre a fibra. Os pigmentos naturais tornavam-se incolores, eram dissolvidos ou destruídos. Esse tratamento aplicava-se às fibras de algodão ou linho que não necessitavam de muito esforço para branquear. Para fibras mais escuras, geralmente deixava-a natural mesmo.

Mitsumata - fibra típica do Japão
FONTE: www.hiromipaper.com

Branqueamento: Um pouco de Química

Ao iniciar o estudo sobre branqueamento é preciso conhecer alguns conceitos e termos importantes que serão sempre utilizados nesse processo.

Reações de óxido-redução – Ocorre transferência de elétrons entre as espécies envolvidas.

Número de oxidação – indica a quantidade de elétrons que os átomos do elemento químico cedem ou recebem.

Oxidação – processo que acontece com perda de elétrons.

Redução – processo que acontece com ganho de elétrons.

Agente redutor – é a substância que sofre oxidação e provoca a redução.

Agente oxidante – **é a substância que sofre redução e provoca a oxidação.**

Potencial padrão de redução e oxidação – Esses valores estão relacionados com a força de oxidantes e redutores. Quanto maior o valor do potencial de redução, maior será sua facilidade em sofrer oxidação, então, mais forte será o agente oxidante. Quanto maior o valor do potencial de oxidação, menor será o valor do potencial de redução, consequentemente menor será sua facilidade em sofrer oxidação, então será o melhor agente redutor.

Os oxidantes mais poderosos e seus respectivos potenciais padrão (em V): flúor (3,0), radical hidroxila (2,8), ozônio (2,1), peróxido de hidrogênio (1,77), permanganato de potássio (1,7), dióxido de cloro (1,5) e cloro (1,4).

O termo **agente oxidante** é o responsável pelos processos de branqueamento. Os principais agentes oxidantes que iremos descrever: o hipoclorito de sódio (água sanitária) e peróxido de hidrogênio (água oxigenada).

O efeito branqueador deles é devido ao grande poder oxidante. O hipoclorito (OCl-) possui potencial de redução +0,90 V, e o peróxido de hidrogênio +1,776 V.

Como são bons agentes desinfetantes possuem várias aplicações: uso doméstico, desinfecção de água de piscinas e da rede de abastecimento, hospitais e processos odontológicos de clareamento de dentes (H_2O_2), e processos industriais de branqueamento de têxteis e papel.

O processo de branqueamento acontece devido ao poder oxidante desses dois reagentes, eles oxidam a substância que confere cor escura e textura fibrosa à pasta de celulose, a lignina residual, quebrando-a em fragmentos menores e tornando a pasta clara e maleável.

As reações químicas e o peróxido de hidrogênio

O peróxido de hidrogênio pode ser aplicado como agente oxidante:

$$H_2O_2 + 2H^+ + 2e^- \rightarrow 2H_2O \qquad + 1,77\,V$$

E também como agente redutor:

$$H_2O_2 + 2OH^- \rightarrow O_2 + H_2O + 2e^- \qquad -0,15\,V$$

A sua decomposição libera oxigênio molecular e calor; em soluções diluídas, o calor é facilmente absorvido pela água presente e, em soluções mais concentradas, o calor aumenta a temperatura e acelera a taxa de decomposição do reagente.

Óculos, máscaras e roupas apropriadas devem ser sempre empregadas quando do uso de soluções de peróxido de hidrogênio. A inalação de vapores causa irritação e inflamação das vias respiratórias.

Em meio ácido, o peróxido de hidrogênio produz o íon hidroxônio (H_3O^+), um cátion fraco que pouco reage com a lignina ou a celulose. Quando em meio alcalino, o anion peridroxila (OOH-) é liberado, e ao contrário do íon hidroxônio, branqueia a celulose sem causar danos em sua estrutura e também atua na sua deslignificação.

$$H_2O_2 + OH^- \to OOH^- + H_2O$$
Reação de formação do ânion peridroxila

O branqueamento no processo industrial

No processo industrial, a polpa ou pasta celulósica possui uma coloração marrom, estando ainda inadequada para a produção de alguns tipos de papel devido à sua coloração escura. Essa coloração é devida, principalmente, a pequenas quantidades de lignina que não foram removidas das fibras, sendo caracterizada como lignina residual. Para retirar essa lignina e obter um papel branco, é necessária a realização do processo químico de branqueamento.

Fonte: www.calcidrata.pt

O branqueamento é realizado em várias etapas para que seja retirada totalmente a lignina residual que está fortemente ligada às fibras, garantindo polpas branqueadas, mas sem destruir a celulose. Nos vários estágios do processo de branqueamento da celulose, podem ser utilizados reagentes químicos como cloro (Cl2), dióxido de cloro (ClO2), hipoclorito de sódio (NaClO), oxigênio(O2) e ozônio (O3), dentre outros. Durante todas as etapas a polpa é lavada com grande quantidade de água para remover todas as substâncias cromóforas.

Branqueamento industrial x Problemas ambientais

O processo de branqueamento é considerado um dos principais problemas ambientais porque durante esse processo geralmente se utiliza o cloro e o hipoclorito de sódio, que reagem com resíduos de lignina e produzem materiais organoclorados. Esses compostos não são biodegradáveis e causam alterações genéticas em vegetais e animais. Apesar das indústrias de celulose e papel utilizarem desodorizadores, caldeiras de recuperação e monitoramento frequente dessas emissões, os problemas ainda persistem e não foram totalmente solucionados.

Durante a produção do papel branco, são utilizados clorantes que causam vários danos ambientais por meio da produção e liberação de compostos organoclorados, que são formados pela reação das substâncias orgânicas com os agentes oxidantes que contêm cloro. A reação do cloro com a lignina produz anéis aromáticos clorados. Entre os organoclorados que são produzidos estão os furanos e a 2,3,6,7-tetraclorodibenzo-4-dioxina, que pode ser representada pela sigla TCDD, conhecida pelo nome genérico dioxina. A TCDD é a dioxina mais comum e também a mais tóxica formada na produção de papel.

FONTE: Quím. Nova, n. 14, 2001, p. 7

2,3,6,7-tetraclorodibenzo-4-dioxina

Branqueamento industrial x Química Verde

Como as dioxinas são tóxicas, alguns países foram proibidos de importar ou comercializar celulose branqueada com cloro. Assim, os países produtores e exportadores de celulose, como o Brasil, estão modificando o processo de branqueamento, tentando eliminar o uso de cloro elementar e seus derivados, buscando alternativas mediante o uso de oxigênio, peróxido de hidrogênio e ozônio.

Novos reagentes têm sido estudados e o uso de cloro tem sido reduzido com processos ECF e TCF. O processo **ECF** significa branqueamento livre de cloro molecular (Elemental Chlorine Free, ECF) e está sendo desenvolvido e utilizado amplamente na indústria de papel. **TCF** significa processo totalmente livre de cloro, esse é menos eficaz porque aumenta o consumo de madeira em 10% e diminui a reciclabilidade do papel.

> **A utilização do cloro elementar no processo de branqueamento do papel foi suspensa pela Agência de Proteção Ambiental Americana (EPA) desde abril de 2001.**

Mas atualmente estão sendo produzidos nos Estados Unidos novos materiais que não possuem grupos funcionais tóxicos e elementos considerados perigosos à vida. Percebendo assim uma grande economia de energia e uma redução no consumo de fontes não renováveis, consequentemente uma diminuição na produção de gases do efeito estufa.

O descarte de hipoclorito em efluentes industriais ou no esgoto doméstico pode levar à formação de compostos organoclorados e substâncias tóxicas que provocam problemas ambientais e trazem riscos à saúde. Assim, quando possível e economicamente viável, o H_2O_2 vem sendo preferido por causar menos efeitos indesejáveis à saúde humana e ao meio ambiente.

> É preciso se atentar para os cuidados ao manusear esses reagentes, pois ambos se decompõem em condições desfavoráveis de armaze- namento, tais como temperatura elevada, exposição à luz solar e contaminação com traços de metais (que atuam como catalisadores).

Todavia, contato direto do organismo com altas concentrações de H_2O_2 deve ser evitado, pelo fato de formarem espécies reativas de oxigênio que atacam as células e podem lesar o DNA.

Branqueamento no Processo Artesanal

Devido à lignina residual e às impurezas formadas durante o cozimento, a polpa adquire uma coloração bem escura. Para retirá-los sem danificar a celulose, utiliza-se o processo de branqueamento ou clareamento.

Quando se faz necessário obter papéis em tons mais claros, realiza-se um processo químico de oxidação utilizando branqueadores para "clarear" as folhas de papel. Podemos utilizar dois branqueadores: o hipoclorito de sódio (NaOCl), princípio ativo da água sanitária, e o peróxido de hidrogênio (H2O2), conhecido comercialmente como água oxigenada.

Hipoclorito de sódio (NaOCl) – Com esse branqueador podemos observar que as fibras ficam enfraquecidas, originando papéis menos resistentes. Sabemos que ao utilizarmos materiais clorados, como o hipoclorito de sódio, são gerados materiais que contêm dioxinas e furanos, e outros materiais aromáticos clorados.

Peróxido de hidrogênio (H_2O_2) – Com esse branqueador, percebe-se a destruição oxidativa da lignina sem destruir as fibras (celulose). Por ser um alvejante, o peróxido de hidrogênio tem como produtos de sua reação apenas água e gás oxigênio, ficam isentos de poluição. Defendendo assim os princípios da Química Verde, que propõe a utilização de processos limpos, sem causar danos ao ambiente.

ETAPAS DE BRANQUEAMENTO ARTESANAL

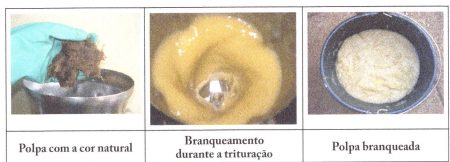

Polpa com a cor natural	Branqueamento durante a trituração	Polpa branqueada

PESQUISAR E DESCOBRIR

Pesquisar para aprender mais sobre:
- Branqueadores (sua história, o surgimento, as utilizações e classificações)
- Branqueadores ópticos (como funcionam, utilizações e curiosidades)
- Propriedades e utilidades do peróxido de hidrogênio (água oxigenada) e hipoclorito de sódio (água sanitária), fazer um paralelo das características em comum entre eles. Pesquisar sobre suas fichas de emergências.

INVESTIGAR E EXPERIMENTAR

1º Parte
Resolução de problemas:

Divida a turma em duas equipes e proponha o problema para cada uma delas e determine o tempo necessário (em média 20 minutos) para a discussão de possíveis hipóteses que respondam as questões a seguir.

Baseando-se nos conceitos e experimentos realizados na unidade 5 (O papel e suas transformações), discuta com sua equipe:

- **Para equipe A:** Qual seria a melhor maneira de proceder para realizar um branqueamento rápido e eficiente da polpa triturada utilizando água sanitária?

- **Para equipe B:** Qual seria a melhor maneira de proceder para realizar um branqueamento rápido e eficiente da polpa triturada utilizando água oxigenada?

- **Sugestão**: Seguindo as normas de segurança da Unidade 4, explore com bastante cuidado e atenção os materiais, equipamentos e reagentes disponíveis no laboratório para melhor elaborar sua hipótese.

- Após a discussão, o professor deverá pedir para que cada equipe descreva a melhor maneira de realizar o branqueamento com o reagente que lhe foi designado. Deverá também orientá-los para descrever os materiais, equipamentos e reagentes que serão utilizados, as condições favoráveis, as quantidades, as situações inesperadas, os custos, as preocupações ambientais.

2º Parte
Elaboração de roteiro

- Após a realização da primeira etapa, delimitação de hipóteses e observações de como proceder, é o momento de testar as hipóteses levantadas. Lembrando que todo procedimento realizado fará parte do roteiro final do experimento.

- Peça que as equipes façam a sistematização do trabalho por meio da elaboração do roteiro experimental de branqueamento. O roteiro deverá conter: os materiais, reagentes necessários com suas devidas quantidades, os procedimentos que serão realizados descritos de forma detalhada, e possíveis questões para discussão. (Essa poderá ser uma atividade extraclasse).

- Durante a elaboração do roteiro, é preciso analisar o que deu certo, o que deu errado e as reformulações necessárias sobre condições, quantidades e melhores procedimentos.

3° Parte

Simulação de uma atividade avaliativa

Descrição da situação para as equipes: Imaginem que são funcionários de uma fábrica de reagentes para branqueamento. E a Indústria Nacional de Produção de Celulose e Papel ABC deseja conhecer e comprar esses reagentes e está realizando uma pesquisa sobre eles. A pesquisa ficou definida entre duas indústrias:

EQUIPE A: Fábrica que produz e revende hipoclorito de sódio (água sanitária) **EQUIPE B:** fábrica que produz e revende peróxido de hidrogênio (água oxigenada)

O que cada equipe tem que fazer:

1° Etapa: Escolher um nome para sua indústria.

2° Etapa: Sabendo que sua equipe é formada por um proprietário, um gerente, um contador, um representante de vendas e um químico responsável. Defina qual a função de cada um deles.

3° Etapa: Apresentar sua proposta com a descrição de três vantagens e três desvantagens do seu processo com o objetivo de convencer a indústria a escolher seu reagente branqueador.

4° Etapa: Após a análise das propostas, discutir e argumentar entre as equipes qual o reagente deverá ser escolhido pela Indústria de Celulose e Papel ABC

AGIR EM SOCIEDADE

Trabalho cooperativo e as Cooperativas

O cooperativismo tem como meta principal a solução de problemas sociais por meio da criação de comunidades de cooperação – as cooperativas[6]. Elas são formadas por indivíduos da própria comunidade, responsáveis por toda a produção. A participação acontece de maneira igualitária. São regulamentadas pela Lei federal nº 5.764, de dezembro de 1971, e definidas de acordo com os seus objetivos.

As cooperativas surgiram com o propósito de ser uma alternativa entre o capitalismo e o socialismo, com características dos chamados socialistas utópicos. Esse movimento foi iniciado pelo inglês Robert Owen, que patrocinou a criação da primeira cooperativa de tecelões na Europa, em 1844.

No Brasil, o sistema de cooperativas começou no final do século XIX e ganhou mais força no meio rural. Atualmente, é regulamentado por leis especiais e subordinado ao Conselho Nacional de Cooperativismo, órgão do Ministério da Agricultura. Tem ainda participação especial de uma instituição financeira – o Banco Nacional de Crédito Cooperativo.

As cooperativas surgiram na sociedade por meio da formação de grupos de pessoas com objetivos comuns e divisão dos benefícios, visão muito diferente das empresas capitalistas. Estas se preocupam principalmente com o lucro, têm número de sócios limitados e quem manda é quem tem maior número de ações ou parte da sociedade. Já em uma cooperativa não há limite para sócios, as decisões são tomadas em assembleias e o principal objetivo é beneficiar todos os seus cooperados.

Os **Cooperados ou cooperários ou sócios** são os integrantes da cooperativa. A manutenção do grupo vem da sua contribuição e eles não têm nenhum vínculo empregatício com a cooperativa. Ganham por aquilo que produzem. O principal cooperário é o **presidente**, quem o escolhe são os sócios. Ele é o representante jurídico da entidade. No Brasil, por causa do baixo poder aquisitivo dos brasileiros, a cooperativa é um instrumento comum em bairros,

---

6 Cooperativa é uma sociedade ou empresa constituída por membros de determinado grupo econômico ou social, e que objetiva desempenhar, em benefício comum, determinada atividade econômica, de acordo com o Dicionário Aurélio (1997).

associação de moradores, comunidades rurais etc. Podemos citar alguns exemplos de tipos de cooperativas:

- **Cooperativa de crédito** – pessoas ou microempresas que reúnem sua poupança, oferecendo crédito para os cooperados, de maneira sistemática, com regras próprias e encargos normalmente bem menores que os do mercado.

- **Cooperativa habitacional** – reúne pessoas precisando de moradia ou de melhorias na infraestrutura que se unem para adquirir terreno e construir residências. No Brasil, é comum essas cooperativas serem de determinada categoria profissional ou associação de classe.

- **Cooperativa educacional** – pais de estudantes e professores que mantêm uma escola,

- **Cooperativa agrícola** – foi o primeiro a existir no Brasil, funciona como as outras cooperativas de trabalho.

- **Cooperativas de trabalho** – trabalhadores que se unem para ampliar seu acesso ao mercado como cooperativas de doceiras, costureiras, marceneiros, de catadores de lixo etc.

As associações e cooperativas de catadores de lixo têm uma influência muito importante para a sociedade em termos econômicos e também em aspectos sociais. Por meio delas se consegue um resgate da sua condição de cidadão, com direito a benefícios sociais, educação para os filhos, autonomia administrativa e possibilidade de ascensão social. A cooperativa deve oferecer aos seus membros assistência jurídica, cursos de aperfeiçoamento e acesso ao lazer/esporte, aprimorando, assim, no catador, sua criticidade e maturidade para tomar decisões em sua comunidade.

Para conseguirmos uma sociedade que se preocupe com a igualdade social, é necessário que se trabalhem na escola valores que privilegiem esses aspectos. O trabalho cooperativo deve ser desenvolvido também na comunidade escolar para que nossos estudantes, pais e professores unam seus esforços, tenham disposição e boa vontade em ajudar o próximo e o coletivo. Esses são aspectos fundamentais para o entendimento de que a sociedade será afetada por ações isoladas e também coletivas.

Delimitar um problema e procurar soluções...

Você acha que o trabalho cooperativo é importante, seja ele em casa, na escola ou na sociedade? Por quais motivos?

O que depende de você para que se obtenha um trabalho mais coletivo, com maior companheirismo, na escola e em sua casa?

Na sua escola em que situações você percebe que existe coletividade e cooperação? Em quais situações você gostaria que existisse?

Partir para as ações...

Discuta com seus colegas e enumere atitudes que possam melhorar a coletividade dentro da escola, apresente ao corpo docente e a equipe gestora como um painel, banner, ou divulgue em blogs, sites de relacionamento, para que todos tenham acesso.

9

Tingimento do papel

REFLETIR E QUESTIONAR

Antigamente, para realizar algum tipo de tingimento eram usados apenas substâncias e materiais obtidos de fontes naturais, que poderiam ser tanto fontes animais como vegetais. E todos os corantes sintéticos, produzidos atualmente, imitam ou tentam imitar os corantes naturais, hoje raros e muito caros. Será que existem diferenças dos corantes naturais com os artificiais? E para o ambiente, quais serão as consequências da troca de corantes naturais por artificiais?

FONTE: www.ipef.br/tecprodutos/corantes.asp

ESTUDAR E APRENDER

Papel artesanal e suas cores

As fibras possuem cor natural que dependerá de sua origem. A cor da fibra é a cor da planta, uma vez superada o processo químico no qual se separa a celulose das outras substâncias. A cor das pastas costuma ser amarelada, mais ou menos escura, ou marfim.

As pastas de reciclagem do papel prensado são cinzentas por causa da tinta tipográfica, tão difícil de eliminar. Esse cinzento característico do papel reciclado é o que dará origem a todos os cinzentos ecológicos (azulados, rosados, esverdeados etc.) ao ser misturado com cores mais puras.

Os métodos antigos de tingir papel: um pouco de história

A utilização de corantes naturais acontece desde a antiguidade: existem evidências entre os antigos egípcios, China e Índia. No Brasil, os corantes naturais têm importante relação com sua história, a começar pelo nome do país, proveniente da madeira de Pau-brasil (Caesalpinia echinata), importante fonte de corante vermelho no século XVI. Durante grande parte do século XIX, o Brasil também forneceu corante índigo extraído da planta Indigofera tinctoria, de coloração azul.

No século XI, os árabes tingiam o papel de amarelo com açafrão. E nos séculos XVII e XVIII, os holandeses tingiam o papel ligeiramente de azul para a cor branca ter uma aparência mais luminosa, que era conhecida como "branco de leite". O método tradicional para colorir papéis era com corantes naturais, como o açafrão, fuligem, índigo, chá, cebola etc. Existiam várias maneiras de se colorir os papéis: Colorindo as folhas durante sua obtenção; ou tingindo a pasta, ou após a secagem utilizando colas externas. Para obter cores luminosas, tingiam-se as pastas branqueadas. Para obter cores mais apagadas, utilizava as pastas de cor natural. Durante o século XVIII, na Europa, acrescentava-se fuligem às pastas para acentuar o tom escuro. Esse papel era vendido a peso por ter uma qualidade inferior. O corante púrpura imperial foi o mais caro e mais importante corante desde a antiguidade até a século XV, quando foi trocado pelo corante quermes em 1467, começando seu declínio como cor preferencial.

O processo de tingimento artesanal

A coloração da fibra produz-se de forma capilar. As substâncias corantes introduzem-se na fibra pelos seus poros e veio central. Nesse processo tem lugar uma série de reações entre corantes e fibras que faz com que a pasta tome cor. O calor favorece esse processo, daí que as colorações tradicionais sejam efetuadas aplicando- o corretamente. Nem todas as fibras absorvem a cor da mesma maneira, razão pela qual esse processo foi usado durante séculos para produzir papéis jaspeados[7], misturando pastas coloridas de diferentes naturezas.

Tingimento de fibras de algodão.
FONTE: ecotrendstips. wordpress.com

Os processos de tingimento de papéis se assemelham aos processos têxteis, pois os tecidos naturais (principalmente o algodão) também são formados de fibras de celulose como o papel. Os corantes de tecidos atualmente são muito utilizados no tingimento de papéis artesanais, bem como corantes a base de água (como os corantes alimentícios). Diferentemente dos tecidos tingidos que produzem resíduos de corantes após o processo, com o papel isso não acontece.

Papéis Mírian Pires – Goiânia – GO
FONTE: A autora

---

7   O termo significa papel com presença de várias fibras coloridas, ou fibras de intensidade de cores variadas e que se mostrem na folha dando-lhe um efeito de granito ou jaspeado.

Existem vários métodos e corantes utilizados para tingir papéis artesanais. Alguns com custo elevado e difícil aquisição utilizados em alguns ateliês que importam corantes e exportam papéis. Como por exemplo, os papéis produzidos no Ateliê Mírian Pires em Goiânia-GO, que são exportados para vários países, principalmente para atividades artísticas e confecção de peças exclusivas.

E alguns bens simples de baixo custo, e ecologicamente mais corretos. Como os métodos citados a seguir:

Corantes extraídos de plantas, frutas e legumes: Dependendo das propriedades, extraem-se as cores triturando ou fervendo com água ou macerando com álcool. Em seguida, acrescenta um mordente (Alúmem de potássio, obtido em farmácias). Em seguida adiciona o corante[8] à polpa lavada e macerada e leva para o processo de trituração. Ou para obter efeitos diferenciados e artísticos, aplica o corante gotejando sobre a tela durante o momento que se obtém a folha.

Corantes sintéticos para tingir tecidos: Inicialmente prepara-se o corante, dissolvendo-o em 1 litro de água fervente. Em seguida adiciona o corante à polpa lavada e macerada e realiza a trituração.

Corante alimentício (a base de água): São obtidos geralmente em casas de festas (corantes para bolo). Durante a obtenção da folha, pinga-se sobre a tela a quantidade de corante que se deseja. Nesse tipo de processo, o tingimento não é uniforme, cada tela é única, por isso a preferência por essas telas para trabalhos artísticos e artesanais exclusivos.

Papéis tingidos manualmente sobre a tela
FONTE: A autora

---

8 Não existe quantidade padrão, depende do resultado que se deseja obter.

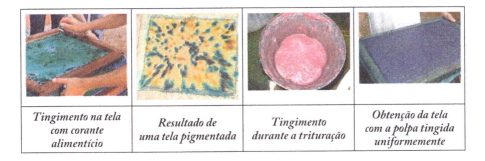

| Tingimento na tela com corante alimentício | Resultado de uma tela pigmentada | Tingimento durante a trituração | Obtenção da tela com a polpa tingida uniformemente |

Corantes naturais x Corantes sintéticos

Mesmo sendo possível obter corantes de muitas plantas, a variedade de cores que se obtinha não era muito rica e nem tão pouco havia padronização nos tons. Por isso os químicos (e alquimistas) buscaram sintetizar em laboratório alguns corantes.

Foi durante o século XIX, com a síntese da alizarina e do índigo que foi possível estabelecer as bases de uma potente indústria química nesse setor. Hoje em dia, praticamente todo corante usado na indústria têxtil é produzido sinteticamente.

O desenvolvimento da síntese química e da pesquisa sobre os princípios de tingimento aconteceu no século XIX, quando foram produzidos novos corantes sintéticos mais eficientes que os naturais. Nessa época diminuiu-se o uso dos corantes naturais e uma ruptura com a produção em larga escala de plantas corantes, nascendo assim grandes indústrias de fabricação de corantes sintéticos.

Mesmo com a indústria de corantes crescendo e oferecendo milhares de produtos diferenciados no mercado, para as mais diversas aplicações, a produção de corantes naturais voltou a ganhar força diante das fortes evidências de que muitos corantes sintéticos são carcinogênicos[9] (quando empregados em alimentos, principalmente). Assim, muitos agricultores voltaram a ter na produção de corantes para indústria alimentícia uma fonte de renda substancial.

Corantes naturais: são aqueles obtidos a partir de vegetais ou, eventualmente, de animais.

---

9   Podem provocar câncer

Corantes sintéticos: são aqueles cujas estruturas químicas são semelhantes às dos corantes naturais, porem são sintetizados em laboratório.

FONTE: www.lempa.com.br

Os corantes (para têxteis e também para papel artesanal) podem ser classificados em:

Diretos – que se aplicam diretamente na fibra.

Corantes de tina – que sofrem oxidação durante o processo de tingimento, normalmente são insolúveis em água.

Corantes que utilizam mordentes – os quais irão permitir a fixação do corante na fibra. Necessitam da aplicação de outra substância que possibilite a interação das moléculas do corante com as fibras do tecido. Os mordentes podem ser aplicados antes ou durante o processo de tinturaria. As moléculas do corante então interagem com o complexo mordente-fibra e formam um produto insolúvel com uma cor brilhante. Os mordentes em geral são sais ou hidróxidos de metais, o mais efetivo é o dicromato de potássio (KCr_2O_4), mas também é comum o uso do alúmem de potássio ($Al_2(SO_4)_3 K_2SO_4 \cdot _{24} H_2O$)

Interações intermoleculares entre as fibras e os corantes

O processo de fixação dos corantes nas fibras de tecidos e de papel acontecem por meio de quatro tipos de interações: iônicas, de Van der Walls, ligações de hidrogênio ou covalentes.

Na estrutura das fibras de celulose, não existem grupos ionizáveis. As **interações iônicas** podem acontecer pela adição de mordentes (substâncias formadas por sais complexos de metais). Os íons dos átomos metálicos formam complexos com os grupos polares da fibra. Obtendo assim regiões mais polarizadas acontecendo uma interação maior com as moléculas dos corantes, que resultará em uma fixação melhor do corante.

Fonte: PEREIRA, C. L. N. Módulo de Ensino. 2008

As interações do tipo **ligação de hidrogênio** são possíveis devido à existência nas fibras de grupos com átomos de N, O e S, que muito polares. Nos corantes, os átomos de hidrogênios que estão ligados covalentemente a átomos daqueles elementos podem interagir com os pares de elétrons livres disponíveis em centros doadores contidos nas fibras. Um exemplo são os grupos fenólicos das moléculas de corante que podem estabelecer uma ligação forte com grupos hidroxila das moléculas das fibras.

Fonte: PEREIRA, C. L. N. Módulo de Ensino. 2008

As interações de **Van der Walls** são possíveis quando as moléculas de corantes são lineares e longas, possibilitando uma aproximação maior entre os orbitais destas moléculas com os orbitais das moléculas da fibra. Exemplo deste tipo de interação ocorre na tinturaria da lã e do poliéster quando se usam corantes que possuem alta afinidade com a celulose.

PESQUISAR E DESCOBRIR

PARTE 1

Pesquisar para aprender mais sobre corantes naturais, sintéticos e mordentes (a história, o surgimento, as utilizações e as curiosidades de cada um deles). E para nortear o trabalho peça a eles, após pesquisar, que respondam as seguintes questões:

1. Analisando a estrutura dos corantes, o que eles possuem em comum?

2. Explique como aconteceu a síntese do primeiro corante. Que fatos interessantes você observou?

3. Qual a relação dos corantes com a história do Brasil?

4. Explique utilizando princípios da química e física, por que existem as cores dos corantes e pigmentos.

5. O que são mordentes? Como era sua utilização no passado? Onde podemos encontrá-los facilmente?

PARTE 2

Divida a turma em grupos ou em duplas, designe (por escolha ou sorteio) um corante (dos listados abaixo) para cada grupo. Em seguida, peça para eles pesquisarem sobre o histórico, as características, as propriedades e particularidades do corante em questão. Em um segundo momento, para concluir o trabalho, organize uma apresentação e discussão das informações com o objetivo de completarem coletivamente a tabela a seguir:

Tingimento do papel

Nome comum	Cor	Nome científico ou fonte	Fórmula estrutural e molecular	Parte utilizada para tingir	Aplicações
Beterraba					
Cochonilha					
Páprica					
Urucum					
Cúrcuma					
Clorofila					
Uva e amora					
Índigo					
Pau-Brasil					
Açafrão					

 INVESTIGAR E EXPERIMENTAR

Sugestões de organização do trabalho:

Divida a turma em quatro equipes e peça que cada uma delas desenvolva o experimento utilizando um corante diferente (beterraba, colorau, açafrão e tinta de tecido), em seguida faça um debate com toda a turma e peça para que cada equipe demonstre seus resultados.

Extraindo corantes naturais

Vamos precisar de:

- Uma beterraba
- Uma colher de sopa de açafrão
- Uma colher de sopa de colorau (urucum) Tinta de tecido em pó
- Álcool Água
- Béqueres ou copos de vidro
- Lamparina (com tripé e tela de amianto) ou fogareiro
- Grau e pistilo (ou pilão de plástico encontrado em cozinha) Liquidificador
- Coador de café ou peneira fina

FONTE: www.avhc.blogspot.com

Como fazer:

- Primeiramente pegue a beterraba e corte-a em quatro pedaços.

    Pedaço 1: Triture-o com água no liquidificador, coe utilizando o coador ou peneira fina e transfira para um béquer ou copo.

    Pedaço 2: Corte-o em pedaços menores e macere com álcool utilizando grau e pistilo, coe utilizando o coador ou peneira fina e transfira para um béquer ou copo.

    Pedaço 3: Corte-o em pedaços menores, adicione água e coloque para ferver. Deixe ferver por alguns minutos, retire do fogo e deixe esfriar

- Observe todas as alterações e anote.
- Pegue o colorau e o açafrão e divida-os em três partes iguais. Repita os procedimentos realizados com os pedaços de beterraba.
- Observe, compare todas as alterações e anote.

Discutindo, pesquisando e aprendendo:

1. Quais dos corantes são solúveis em água, quais não são?.
2. Quais são solúveis em álcool?
3. O método utilizando o aquecimento favorece ou não a extração dos pigmentos?
4. Por meio dos conceitos de solubilidade, como podemos caracterizar esses corantes?
5. A filtração é mais eficiente em quais casos? Por quê?

Tingimento do papel

6. Comparando e indique o melhor método para extração de cada um dos corantes. Explique o motivo de sua escolha.

7. Do ponto de vista tecnológico, ambiental e econômico, quais seriam as vantagens e desvantagens dos corantes naturais e dos sintéticos?

AGIR EM SOCIEDADE
PATRIMÔNIO PÚBLICO: É PRECISO PRESERVAR

A palavra patrimônio, em sua origem, refere-se à herança paterna, ou seja, aos bens materiais transmitidos de pai para filho. O termo ainda hoje é usado para referir-se à herança familiar. Na França pós-revolucionária, empregava-se o termo como herança social quando o Estado decidia tutelar e proteger as antiguidades nacionais às quais era atribuído significado para a história da nação. Patrimônio histórico é entendido como herança de um povo, de uma nação.

Historicamente, a preocupação do que preservar é recente no Brasil. Foi no ano de 1937, no Governo de Getúlio Vargas, com a criação do Instituto do Patrimônio Histórico e Artístico Nacional (IPHAN). O Instituto foi criado para trabalhar sob legislação específica e desenvolver ações como: documentação, conservação, preservação, fiscalização e difusão desses bens.

As discussões em relação à definição de Patrimônio Histórico tornaram-se mais amplas a partir dos anos 1980. Esse novo olhar objetivou valorizar a cultura nacional.

Patrimônio Público é o conjunto de bens e direitos que pertence a todos e não apenas um determinado indivíduo ou entidade. Não tem um titular individualizado ou individualizável, ele é de toda a sociedade. Ele abrange não só os bens materiais e imateriais pertencentes às entidades da administração pública (os bens públicos referidos pelo Código Civil, como imóveis, os móveis, o erário, a imagem etc.), mas também aqueles bens materiais e imateriais que pertencem a todos, de uma maneira geral, como:

O patrimônio cultural – são classificados como criações científicas, artísticas e tecnológicas; obras, objetos, documentos, edificações e espaços destinados às manifestações artístico-culturais.

O patrimônio ambiental – corresponde ao ambiente ecologicamente equilibrado, bem de uso comum do povo e essencial a uma qualidade de vida saudável. É, portanto, nosso dever defendê-lo e preservá-lo para as futuras gerações.

O patrimônio moral – é composto pelos princípios éticos que regem a atividade pública. Para manter o bom funcionamento da administração pública, devemos seguir os princípios da moralidade, boa-fé, lealdade, honestidade.

Como o patrimônio público pertence a todos – a todo o povo –, a todos cabe por ele zelar, preservando-o e defendendo-o. Quando o patrimônio estiver vinculado a um determinado ente, a ele cabe, em primeiro lugar, adotar todas as providências necessárias à sua preservação e conservação.

A escola é considerada a principal aliada para evitar a depredação patrimonial, pois se trata de uma instituição formadora de cidadãos. Assim, ela deve trabalhar para prevenir o vandalismo, na maioria das vezes, promovido por jovens, principalmente nas grandes cidades. Seja uma placa de trânsito riscada, uma lixeira quebrada, um telefone público danificado, a depredação do Patrimônio Público causa prejuízo financeiro enorme, gera poluição visual e contribui para a insegurança.

A educação escolar deve valorizar cada vez mais seu papel na formação de cidadania, mostrando aos estudantes a importância da conservação do patrimônio histórico e possibilitando ações em prol desse trabalho de preservação e manutenção patrimonial.

Delimitar problema e procurar soluções...

Você considera sua escola um Patrimônio Público?

É importante cuidar do Patrimônio? Sua escola merece cuidados? Por quê?

Você cuida de sua escola igual cuida de sua casa?

O que depende de você para manter a conservação dos principais lugares em que vive, sua casa e sua escola?

Partir para as ações...

Pesquise juntamente com seus colegas um pouco da história de sua escola, ano de fundação, fundadores e fatos marcantes.

Procure saber também com o grupo gestor por quantas reformas ela já passou e custos que tiveram com vandalismo (depredação, pichação, estrago de carteiras, banheiros, portas, lixeiras etc.)

Proponha para os alunos da escola algumas maneiras de ajudar na preservação e conservação da escola. Divulgue essas propostas de forma bem criativa (blogs, sites de relacionamento, site da escola, e-mails, banners, placas etc.)

10

Características e propriedades do papel

 REFLETIR E QUESTIONAR

Quando falamos de papel, pensamos, geralmente, em uma "folha" de papel. Uma folha de papel pode ter as dimensões e espessuras bem diferentes, desde uma fina folha de papel de seda até uma folha de papel-cartão, desde papéis finos como outros bens resistentes. Por exemplo, como um saco de cinquenta quilos de cimento pode suportar sem rasgar?

Pense em uma folha de papel sulfite... Como se consegue formar uma folha tão maleável, flexível e resistente?

De onde vem a resistência da folha de papel? Tente puxar uma folha na mesma direção e em sentidos contrários, o que acontece?

Por que o papel sulfite que usamos recebe o nome de A4 ou A5? De onde vêm esses nomes?

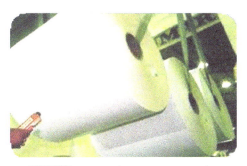

FONTE: www.msinstrumentos.com.br

INVESTIGAR E EXPERIMENTAR

Sugestões de organização do trabalho:

Divida a turma em quatro equipes e peça que cada uma delas escolha um tipo de papel listado a seguir para desenvolver os testes. Depois, peça que cada equipe apresente os resultados e discuta com a turma toda.

Características dos papéis

Vamos precisar de:

- Uma folha de jornal
- Uma folha de papel sulfite
- Uma folha de papel de fibra de bananeira Uma folha de papel-toalha (ou guardanapo)
- Tesoura
- Régua
- Suco de um limão
- Corante alimentício (cor escura)
- Quatro hastes de algodão ("contonetes")

Como fazer:

- Cada equipe realizará os procedimentos com o papel que escolheram:
- Divida sua folha em quatro pedaços de tamanhos iguais.
- **Pedaço 1** – Rasgue no sentido vertical
- **Pedaço 2** – Rasgue no sentido horizontal
- **Pedaço 3** – Molhe com água levemente e rasgue em seguida
- **Pedaço 4** – Pegue uma haste de algodão e molhe no suco do limão e desenhe uma figura ou escreva um nome. Deixe secar completamente, e em seguida passe o ferro quente sobre o papel ou aproxime o papel de uma chama (sem tocar).
- Observe atentamente cada caso, e anote todas as alterações.

Discutindo, pesquisando e descobrindo:

1. Qual a diferença em rasgar os papéis em sentidos diferentes? Em que sentido é mais fácil rasgar?

2. O que foi mais fácil rasgar o papel seco ou molhado? De acordo com os conceitos vistos na Unidade 3, como você explicaria esse fato?

3. Pingue uma gota de corante alimentício no pedaço 1, o que acontece? Explique o que seria a porosidade do papel?

4. Ao realizar o teste com o pedaço 4, como você relacionaria esse experimento com a deterioração dos papéis mais antigos?

ESTUDAR E APRENDER

A direção da fibra e a produção industrial

A direção das fibras tem um efeito na resistência e na impressão mecânica do papel. Uma das características do método industrial ou mecânico da produção de papel é que ele possui uma única direção de fibra porque a máquina recolhe ou deposita a pasta sobre a rede seguindo sempre uma mesma direção de movimento.

Este efeito pode corrigir-se comunicando à máquina sacudidelas mecânicas parecidas com as dadas pelo artesão. O inventor da máquina plana, Robert (1798), já incorporava este efeito, mais tarde aperfeiçoado pelo construtor Fourdrinier, em 1803.

Máquina de papel inventada por Robert em 1798
FONTE: Gatti, 2007. P. 27

DIREÇÃO DAS FIBRAS DO PAPEL

No sentido da fibra	No sentido contrário ao da fibra
Rasga-se muito bem	Rasga-se mal, aos zigue-zagues
Dobra-se facilmente	Dobra-se mal, exigindo mais cuidado
É mais resistente à tensão	É menos resistente à tensão
Encolhe menos ao secar	Encolhe mais
Imprime-se melhor	Imprime-se pior

Conservação do papel

Muitos artistas e conservadores buscam um papel "livre de ácido" porque esta qualidade torna-o mais duradouro. O pH mede o grau de acidez ou alcalinidade do papel. Se o pH se aproxima do valor 0, é ácido, e se aproxima do valor 14 é alcalino. O valor 7 é o do pH neutro. É conveniente que o papel se aproxime desse valor médio para assegurar sua durabilidade. Embora muito papéis tenham resistido séculos sem ter esse pH, o normal é que, com os anos, acabem por se tornar amarelos e quebradiços.

Papéis produzidos com 100% de celulose terão uma probabilidade de permanecer branco e sem oxidações.

Papéis de pastas mecânicas de madeira tornam o custo da produção de papel menor, em consequência diminui sua durabilidade. Esses papéis deterioram-se muito rápido porque em sua composição existem vários outros materiais além da celulose, como a lignina, que origina sustâncias que com a luz do sol vão deixando as folhas de papel amareladas e quebradiças. Um bom exemplo desse tipo de papel é o jornal, que fica bem amarelo com o passar do tempo.

Papéis antigos produzidos a partir de retalhos de roupas velhas e algodão não contêm lignina. Devido a esse fato, esses documentos antigos são bem conservados em relação aos jornais, livros e revistas recentes.

Para conservar melhor, os papéis devem ser guardados em ambiente seco se sem correntes de ar devido à umidade que deixa as folhas enfraquecidas, e ainda provoca manchas.

FONTE: www.blig.ig.com.br

Ao escrevermos no papel com suco de limão estamos acelerando a decomposição da celulose e da lignina, por isso é possível ver a figura ou mensagem escrita no experimento realizado anteriormente.

A preservação de documentos antigos é algo de grande preocupação em arquivos, museus e bibliotecas. Se o papel for de baixa qualidade, irá amarelar-se rapidamente, principalmente se forem expostos a luz do sol. O manuseio também é importante, pois, o dobrar, raspar, molhar, engordurar ou acidificar a superfície impressa também acelera a degradação.

Em termos artísticos, o papel artesanal produzido a partir da fibra de bananeira, por ser bastante resistente e durável, se torna cada dia mais uma alternativa para produção de peças duráveis e resistentes ao tempo.

Obtenção e secagem do papel artesanal

O papel artesanal não apresenta uma direção preferencial para as fibras se alinharem. Já os papéis industriais apresentam fibras alinhadas em certa direção. Por isso é mais fácil rasgar o papel na mesma direção em que as fibras estão alinhadas do que no outro sentido.

A perfeita integração entre a fibra da celulose e a água faz com que a fibra se adapte também ao movimento da água de tal maneira que se esta se encontra em repouso a fibra encontra-se quieta, em qualquer direção, suspensa; mas se a água se mexe, a fibra também se move seguindo a sua corrente, como os ramos que seguem a corrente de um rio, no sentido longitudinal. Isso é o que determina a direção de uma fibra numa folha de papel.

Na obtenção artesanal, os papéis não possuem direção de fibra porque ao obter a folha bate-se suavemente no molde enquanto esta se forma durante a drenagem, fazendo com que as fibras tomem todas as direções. Esse papel que possui fibras em todas as direções possui maior resistência.

| Diluição da polpa na tina com água | Movimentação das fibras | Retirada da água Formação da folha | Tiragem do molde para secagem |

Existem três maneiras de secar o papel artesanal:
- Utilizando uma prensa e feltros (ou outro material absorvente): coloca-se a tela ainda molhada sobre o feltro, deixe-a absorver um pouco de água, retire a tela, coloque outro feltro e leve para a prensa. Em seguida coloque para secar em um varal.

Fonte: Gatti, 2007, p. 87

- Direto nas telas: Após retirar a tela da tina, coloque-a para secar ao sol. Não deixar durante muito tempo exposto ao sol, preferivelmente secar em local arejado, assim evita-se uma secagem muito rápida que possa deixar a folha deformada e enrugada.

Fonte: A autora

- Secagem natural: Sem pressão, nem calor. Possui uma maior estabilidade devido à secagem acontecer de forma coberta e ao ar. Consiste em suspender o papel numa corda em um local seco e arejado. Esse processo dura em torno de 2 a 3 dias.

Fonte: Asunción, 2002, p.24

A resistência do papel

Uma propriedade muito importante é a resistência, essa propriedade determina, quase sempre, qual será a utilidade do papel. Por exemplo, para desenho com técnicas secas, é necessário um papel que tenha uma superfície resistente, para não rasgar com a ponta do lápis; para fazer envelopes, é preciso um papel que não se quebre ao dobrar. A resistência de uma folha é determinada pelos seguintes fatores:

- **O tipo de fibra usada** – Cada fibra tem um grau de resistência diferente.

- **O grau de refinamento dessa fibra** – Quanto mais refinadas as fibras, mais desfiadas se encontrarão, e mais completa e resistente será a sua união.

- **A gramatura** – É a espessura (peso) do papel, um papel-cartão é mais resistente que um papel de seda.

- **O prensado** – Se não for prensado, a sua resistência será diminuída em virtude de as fibras estarem menos apertadas entre si.

- **A cola** – que o poderá tornar, ou não, resistente à umidade e aos líquidos. Um papel sem cola é um papel absorvente.

A análise da resistência de uma folha de papel a uma força física efetua-se em quatro sentidos:

- **Forçando** a folha para testar sua resistência à explosão ou estalido.

- **Esticando** a folha pelas extremidades para conhecer a sua resistência à tensão ou tração.
- **Dobrando** a folha várias vezes para observar a sua resistência à dobragem.
- **Rasgando** a folha para conhecer a sua resistência ao rasgo.
- **Molhando** a folha para observar a resistência aos líquidos. Esse é um fator importante para muitas aplicações que implicam que se umedeça o papel, como, por exemplo, na encadernação ou em algumas técnicas artísticas em que a água é utilizada.

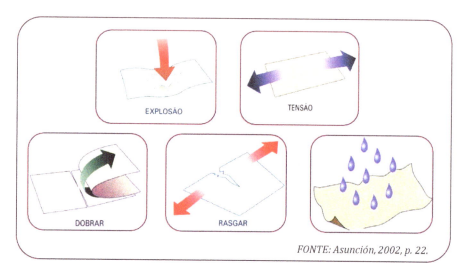

FONTE: Asunción, 2002, p. 22.

Adição de cola

O grau de impermeabilidade se consegue por meio de adição de **cola**. A capacidade hidrofílica (capacidade de absorver água) da celulose faz com que o papel se transforme em uma esponja que absorve facilmente umidade e, consequentemente, se deforma mais rápido.

Para melhorar sua conservação e tornar o papel mais estável e resistente, são aplicados alguns tipos de colas. Existem duas maneiras de aplicá-la: superficialmente depois do papel pronto ou adicionando-a na polpa.

Fonte: Asunción, 2002, p. 28

As primeiras colas orientais foram algumas algas. Os árabes utilizaram colas à base de amido da farinha de trigo. A partir do século XIII surgiram as colas animais, obtidas a partir de restos de curtidos. No século XX, apareceram as colas sintéticas. Juntamente com elas foram elaboradas as colas utilizadas na fabricação de papel, com a função impermeabilizante – não aglutinante, nem adesiva.

Além das colas, durante a produção industrial, principalmente, são acrescentados materiais que melhoram os aspectos referentes à impressão e resistência – as cargas. São chamadas assim porque alteram a massa do papel, diminuindo o custo de celulose e sua função é preencher os espaços vazios entre as fibras. As cargas podem ser de origem animal, vegetal e mineral. As mais utilizadas atualmente são as minerais: carbonato de cálcio, talco, dióxido de titânio etc.

A gramatura do papel

A gramatura é a massa em gramas do papel. Um papel de gramatura alta pesará mais que um de gramatura baixa e, evidentemente, será mais espesso que este. Essa propriedade pode ser evidenciada ao tocar o papel por meio da observação de sua espessura (papel fino, papel de carta, cartolina, cartão etc.).

Obtém-se a gramatura medindo a massa de um metro quadrado de papel. Um papel comum de 90 g indica que um metro quadrado desse papel mede 90 g, e assim sucessivamente.

Calculando a gramatura

É possível calcular a quantidade de pasta necessária para certo número de folhas de uma determinada gramatura. Mede-se a massa (polpa) a seco para iniciar a produção.

Para produzir um quilo de papel é preciso de um quilo de pasta. A quantidade de folhas dependerá do tamanho e da gramagem destas.

Contudo, como proceder se pretendemos uma quantidade concreta de folhas? Vejamos um exemplo:

Queremos fazer 10 folhas de cartolina espessa de 50x65 cm. Considere a gramatura de 350g dessa cartolina.

Torna-se necessário calcular a quantidade de pasta que vamos refinar.

1. A superfície/área da cartolina calcula-se multiplicando 50 por 65 cm (50x65=3250cm2).

2. Multiplicamos a superfície de uma cartolina (3250 cm2) pelo número de cartolinas pretendidas para calcularmos a superfície total (3250x10=32.500cm2 no total).

3. Para saber quantos metros quadrados exatos há em 10 cartolinas, dividimos a superfície total pela superfície de um metro quadrado (32.500: 10.000=3,25m2).

4. Para calcular, finalmente, a massa dessas cartolinas, multiplica-se o total de metros quadrados (3,25 m2) pelo massa de um metro quadrado (3,25x350=1.137,5 g).

5. Necessitamos, pois, de pouco mais de um quilo de polpa: exatamente 1.137,5 kg. Na prática é preciso um pouco mais, pois a pasta sempre se perde na tina. Nesse caso, é aconselhável preparar 1.250kg de pasta.

Fonte: Asunción, 2002, p. 23.

A matemática e o processo de produção artesanal

1. Cálculo do tamanho de telas

Objetivo: Conseguir telas com medidas mais precisas para não desperdiçar papel

- Deseja-se obter quatro folhas de papel tamanho A4 a partir de uma folha de papel de fibra de bananeira. Mas ainda não se tem a tela para essa produção. Quais seriam as medidas precisas para essa tela? (Se preferir utilize desenhos para esboçar seu raciocínio).

2. Cálculo da gramatura de uma folha de papel de fibra de bananeira

Objetivo: Descobrir a massa de uma folha de fibra de bananeira para padronizar a gramatura de acordo com a finalidade desejada do papel que será produzido.

- Calcular a superfície da folha multiplicando as suas medidas entre si.
- Após realizar esse cálculo, meça a massa de uma folha em uma balança, anote esse valor. Se não for possível obter a massa somente com uma folha, meça com mais folhas e divida o valor pela quantidade de folhas utilizadas.
- Agora você já tem a massa da folha e as medidas da folha em cm2.
- Como fazer para encontrar a massa de um metro quadrado de polpa?

3. Cálculo da quantidade de polpa

Objetivo: Calcular a massa de polpa necessária para produzir uma quantidade padronizada de folhas de fibra de bananeira

- Após calcular a gramatura de uma folha, a massa em um metro quadrado de polpa, calcule a quantidade de polpa necessária para produzir 25 telas de medidas já calculadas por você no início da atividade.

PESQUISAR E DESCOBRIR

Pesquisar para aprender mais sobre:
- Tipos e classificações dos papéis com suas respectivas finalidades

- Tamanho e medidas de papéis, como surgiram denominações como A4, A5, resma etc.
- Conservação de papéis e livros antigos
- Após pesquisar sobre a finalidade de vários papéis, proponha as principais utilidades para o papel de fibra de bananeira e indique suas principais características e propriedades.
- Crie uma utilidade, ou peça, ou material a partir do papel de fibra de bananeira e apresente à turma. Exponha como surgiu sua ideia e sua criatividade argumentando a importância de sua criação.

Criações a partir do papel de fibra de bananeira

AGIR EM SOCIEDADE

Livros: Cuidados e conservação

Conservação, preservação, proteção e manutenção são meios que possuímos para garantir que nossos livros tenham uma maior durabilidade. Conservar significa aumentar a vida útil dos materiais, utilizando tratamentos corretos. Preservar é ocupar-se diretamente do patrimônio cultural e consiste na conservação desses patrimônios em seus estados atuais.

Conservar para não restaurar... Essa frase além de ser o título de um livro[10] é também muito importante para pensarmos em nossos pertences, nossa casa, rua, cidade, nossas amizades etc. Se nos preocuparmos em cuidar bem e de maneira correta de tudo ao nosso redor, tudo permanecerá conservado por mais tempo, e provavelmente não terá que ser restaurado.

---

10 LUCCAS, L; SERIPIERRI, D. **Conservar para não restaurar**. Brasília: Thesaurus, 1995.

Um patrimônio cultural que merece destaque são os livros. Seu tempo de vida útil dependerá dos cuidados e da forma como os manuseamos. Mesmo sendo frágeis, podem manter-se úteis por séculos.

Fonte: www.should-we- disagree.blogspot.com

Para isso é necessário observar e fiscalizar as condições ambientais, o manuseio e o armazenamento. Devemos evitar quaisquer danos causados pela umidade, por agentes químicos e por todos os tipos de pragas e de micro-organismo. A manutenção, a limpeza periódica, é um dos princípios da prevenção.

Por isso é preciso saber guardar, manusear e conservar esse bem que enriquece nosso aprendizado e o das gerações seguintes, pois a única herança que poderemos deixar para nossos filhos e netos, o bem que ninguém poderá tirar de suas vidas é o conhecimento!

Dicas para cuidar bem de seus livros

- Observe a maneira como guarda os livros: o ideal é que fiquem em pé na estante ou prateleira.

- Deixe espaço entre os livros para que deslizem suavemente ao retirá-los da estante.

- Folheie os livros sempre com as mãos limpas.

- Abra-os naturalmente. Evite abri-los até formar um ângulo de 180°, pois a lombada irá quebrar-se.

- Evite as famosas "orelhas" para marcar página da obra, há o desgaste das fibras do papel.

- Utilize marca-páginas, pois dobrar as folhas provoca o rompimento das fibras.

- Nunca retire um livro da estante puxando-o pela borda superior da lombada.
- Não utilize clipes, grampos em documentos, ou folhas de livros porque causam ferrugem e enfraquecem o papel onde foram colocados.
- Não recorte assuntos, figuras interessantes de páginas de livros, jornais ou documentos, pois estragam o livro, o jornal ou documento.
- Evite molhar os dedos com saliva, ou qualquer outro tipo de líquido, para virar as páginas de um livro, já que estas podem ficar manchadas e desencadear reações ácidas comprometedoras.
- Nunca escreva nos livros, nem os risque.
- Evite expor livros e documentos aos raios solares.
- Limpe sempre as estantes e as capas dos seus livros com uma flanela seca. Não utilize panos úmidos, a umidade causa danos irreversíveis ao papel.
- Realize periodicamente uma limpeza nos livros guardados em caixas e ventile-os.

O livro é considerado uma fonte inesgotável do saber. Esse registro tão frágil é capaz de nos contar a história de uma nação. E é essa sabedoria a maior herança que nossos filhos herdarão. Mas é por meio do zelo e da conservação que teremos certeza de que nossos descendentes poderão usufruir e explorar os livros, adquirindo o bem precioso que é o conhecimento. Pessoas sem leitura são pessoas sem sonhos. Acreditamos que leitura e conhecimento podem nos transformar em grandes sonhadores que acreditam em um país promissor, com cidadãos que cuidam do seu patrimônio cultural.

Fonte: www.estacio.br

Delimitar um problema e procurar soluções...

Você cuida bem dos seus livros? Como?

Qual a importância dos livros didáticos para você?

Sua escola fornece esses livros? Se tivesse que comprar todos eles, sabe qual o custo teria?

Com que frequência pega livros na biblioteca? É um local prazeroso de sua escola?

O que depende de você para manter a conservação dos seus livros e os livros da biblioteca de sua escola?

Partir para as ações...

Pesquise juntamente com seus colegas a quantidade de livros que compõem

o acervo de sua escola. Procure os livros mais antigos e analise-os quanto aos estragos, envelhecimento, folhas amareladas etc.

Discuta e peça opiniões aos outros alunos sobre o que pode ser feito para conservá-los melhor.

Juntamente com os funcionários da biblioteca elabore uma campanha de arrecadação de livros para melhorar o acervo. E também de divulgação das normas de conservação de livros.

Referências Bibliográficas

ALCÂNTARA, M. R.; DANTIN, D. A química do processamento têxtil. **Química Nova**, São Paulo, v. 19, n. 3, p. 320-330, 1996.

ARAÚJO, M. E. M. Corantes naturais para têxteis – da antiguidade aos tempos modernos. Texto de apoio ao Curso de Mestrado em Química Aplicada ao Património Cultural, DQB, FCUL, 2005. Disponível em: www.dqb.fc.ul.pt Acesso em: 01 out. 2009.

ASUNCIÓN, J. O papel – técnicas e métodos tradicionais de fabrico. Editorial Estampa. Lisboa. 2002.

BAZZO, W. A.; LINSINGEN, I. V.; PEREIRA, L. T. V. **Introdução aos estudos CTS** (Ciência, Tecnologia e Sociedade).Madri, Espanha: OEI (Organização dos Estados Ibero-americanos). 2003.

BERND, Z. e colaboradores. **A magia do papel. The Magic of Paper**. Porto Alegre: Marprom, 1994.

BRACELPA – ASSOCIAÇÃO BRASILEIRA DE CELULOSE E PAPEL Disponível em: www.bracelpa.com.br. Acesso em: 20 ago. 2008 .

CERQUEIRA, F. V. Patrimônio cultural, escola, cidadania e desenvolvimento sustentável. **Diálogos**, DHI/PPH/UEM, v. 9, n. 1, p. 91-109, 2005

COOPERATIVA. *In*: **Dicionário Houaiss.** São Paulo: Moderna, 1997.

CHACON, E. P. Reações Químicas e os Temas Transversais. *In*: COLTINHO, L. G. R.; FERREIRA, V. F. (org.). **Contribuições aos professores de Química do Ensino Médio**. Rio de Janeiro: Ed. UFF, 2005. p. 73-82.

CHERTMAN, M. **Secagem de papel produzido a partir do pseudocaule de bananeira.** Dissertação (Mestrado) – Escola Politécnica da Universidade de São Paulo, São Paulo, 2007.

CORRÊA, M. P. **Dicionário de plantas úteis do Brasil.** Brasília: Editora IBAMA e Ministério da Cultura. 1969

CIENFUEGOS, F. **Segurança no laboratório.** Rio de Janeiro: Interciência, 2001.

CURI, D. Polímeros e interações intermoleculares. **Química nova na escola**, n. 23, Maio, 2006 .

DANILAS, R. M. Branqueamento de pastas celulósicas. *In*: **Celulose e papel** : Tecnologia de fabricação da pasta celulósica. Cap. IX, ed, vol. 2 . SENAI e IPT, São Paulo, 1988.

D'ALMEIDA, M. L. O. Fontes de poluição em fábricas de pasta celulósica. *In*: **Celulose e papel** : Tecnologia de fabricação da pasta celulósica. Cap. XI, 2 ed, vol. 2 . SENAI e IPT, São Paulo, 1988.

D'ALMEIDA, M. L. O. Composição química dos materiais lignocelulósicos. *In*: **Celulose e papel** : Tecnologia de fabricação da pasta celulósica. Cap. III, 2 ed, vol. 2 . SENAI e IPT, São Paulo, 1988

DEL PINO, J. C.; KRÜGER, V. **Segurança no laboratório.** Porto Alegre: CECIRS, 1997.

DELIZOICOV, D.; ANGOTTI, J. A. **Física.** São Paulo: Cortez, 1990.

DELIZOICOV, D.; ANGOTTI, J.A; PERNAMBUCO, M.M. **Ensino de Ciências: fundamentos e métodos.** Coleção Docência em Formação. São Paulo: Editora Cortês, 2002.

DIAS, S. A.; CANDEIAS, A. E. (org.). **Pigmentos & corantes naturais**: Entre as artes e as Ciências. Universidade de Évora. Évora – Portugal. 2007.

FILHO, A. P. N. Aulas experimentais sem produção de rejeitos. *In*: COLTINHO, L. G. R.; FERREIRA, V. F. (org.). **Contribuições aos professores de Química do Ensino Médio.** Rio de Janeiro: Ed. UFF, 2005. p. 101 a 109.

GARCIA, M. N. Patrimônio público. Disponível em: http://www.esmpu.gov.br/dicionario/tikiindex.php?page=Patrim%C3%B4nio+p%C3%Bablico. Acesso em: 12 nov. 2009.

GATTI, T. H.; OLIVEIRA, D. **Dossiê Técnico:** Papel Artesanal - aproveitamento de resíduos agrícolas e reciclagem de papéis usados. UnB – Universidade de Brasília – CDT. 2007.

GATTI, Thérèse H. **A história do papel artesanal no Brasil**. São Paulo: ABTCP, 2007.

GIMENEZ, S. M. N. e colaboradores. Diagnostico das condições de laboratório, execução de atividades pratica e resíduos químicos produzidos nas escolas de ensino médio de Londrina – PR. **Química Nova na Escola**, n. 23, p. 32-36, 2006.

GONDIM, M. S. C. **A inter-relação entre saberes científicos e saberes populares na escola: uma proposta interdisciplinar baseada em saberes das artesãs do Triângulo Mineiro**. Proposta de ação profissional resultante da dissertação de mestrado do Programa de Pós-Graduação em Ensino de Ciências da Universidade de Brasília. 2007.

GUARATINI, C. C. I.; ZANONI, M. V. Corantes têxteis. **Química Nova na Escola**, São Paulo, v. 23, n.1, p. 71-78, jan./fev. 2000.

JOHNSTONE, A. H. Macro and Microchemistry. **The School Science Review**, v. 64, n. 227, p. 377-379, 1982.

LEMOS, C. A. C. **O que é patrimônio histórico**. 3. ed. São Paulo: Brasiliense, 1984. 2009.

LUCCAS, L.; SERIPIERRI, D. **Conservar para não restaurar**. Brasília: Thesaurus, 1995.

LIMA, A. L. S.; PEREIRA, M. H. G.; PINTO, L. H. P. A. C. **Corantes sintéticos**: a química das cores. Instituto de Química, Universidade Federal do Rio de Janeiro. Disponível em: http://server2.iq.ufrj.br/~angelo/corantes.pdf. Acesso em: 10 out. 2009.

MACEDO, J. A. B. **Águas & Águas**. Juiz de Fora: Editora Otofarma, 2000.

MACHADO, N.J. **Educação: projetos e valores**. 3. ed. São Paulo: Escrituras, 2000. 158p. (Ensaios Transversais).

MACHADO, P. F. L. Segurança em laboratórios de ciências. *In*: COLTINHO, L. G. R.; FERREIRA, V. F. (org.). **Contribuições aos professores de Química do Ensino Médio**. Rio de Janeiro: Ed. UFF, 2005. p. 207-217.

MACHADO, P. F. L.; MÓL, G. S. Experimentando Química com Segurança. **Química Nova na Escola**, n. 27, 20 08.

MACHADO, P. F. L.; MÓL, G. S. Resíduos e rejeitos de aulas experimentais: o que fazer?. **Química Nova na Escola** , n. 29, 2008.

MATEUS, A. L. **Química na cabeça**. 4ª reimpr. Belo Horizonte: Editora UFMG, 2001.

MATTOS, I. L.; SHIRAISHI, K. A.; BRAZ, A. D.; FERNANDES, J. R. Peróxido de hidrogênio: importância e determinação. **Química Nova**, v. 26, n. 3, 373-380, 2003.

MORAES, A. P. **Educação Patrimonial**: uma proposta curricular. Campos dos Goytacazes. Monografia. Universidade Estadual do Norte Fluminense Darcy Ribeiro, Rio de Janeiro, 2005.

MORIN, E. **A cabeça bem-feita: Repensar a reforma, reformar o pensamento**. 7 ed. Rio de Janeiro: Bertrand Brasil, 2002 . 128 p.

ORIÁ, R. Educação patrimonial: conhecer para preservar. Disponível em: www.minc. gov.br. Acesso em: 15 nov. 2009.

PEREIRA, C. L. N. **A História da Ciência e a Experimentação no Ensino de Química Orgânica**. Proposta de ação profissional resultante da dissertação de mestrado do Programa de Pós-Graduação em Ensino de Ciências da Universidade de Brasília. 2008.

PINTO, L. S. C. *et al.* **Divulgação de informações sobre preservação de acervos documentais nas bibliotecas do SIBi/USP**. São Paulo, 2004. Disponível em: http://www.sibi.usp.br/gestao/projeto16/preservacao. Acesso em: 12 nov. 2009 .

REVISTA ELETRÔNICA DO DEPARTAMENTO DE QUÍMICA – UFSC. Florianópolis. Ano 4. Disponível em: www.qmc.ufsc.br/qmcweb/artigos/dye/corantes. html. Acesso em: 25 out. 2009.

REZENDE, W.; LOPES, F. S.; RODRIGUES, A. S.; GUTZ, I. G. R. A Efervescente Reação Entre Dois Oxidantes de Uso Doméstico e a Sua Análise Química por Medição de Espuma. **Química Nova na Escola**, n. 30, p 66-69, nov. 2008.

Referências Bibliográficas

ROTH, O. **Criando papéis:** o processo artesanal como linguagem. São Paulo: MASP, 1982.

ROTH, O. **O que é papel**. São Paulo: Ediora Brasiliense, 1983. (Coleção 99, Primeiros passos).

ROSSI, T. Corantes Naturais: Fontes, aplicações e potencial para uso da madeira. Instituto de Pesquisas e Estudos Florestais. Disponível em http://www.ipef.br/tecprodutos/corantes.asp, Acesso em: 30 out. 2009.

SANDRONI, Paulo. **Dicionário de Administração e Finanças**. São Paulo: Editora Best Seller, 1996.

SANTOS, C, P.; REIS, I, N.; MOREIRA, J. E. B.; BRASILEIRO, L. B. O papel: como se fabrica? **Química nova na escola**, n. 14, nov. 2001.

SANTOS, W. L. P.; MÓL, G, S. (coord). **Química e sociedade**: guia do professor. São Paulo: Nova Geração, 2008.

SANTOS, W. L. P.; MÓL, G, S. (coord). **Química e sociedade**. Volume único. São Paulo: Nova Geração, 2008.

SANTOS, W. L. P.; MÓL, G, S. (coord). **Química e sociedade**. São Paulo: Nova Geração, 2008.

SANTOS, W. L. P. dos; SCHNETZLER, R. P. **Educação em química**: compromisso com a cidadania. Ijuí: Editora da UNIJUÍ, 1997.

SOARES, M. H. F. B.; SILVA, M. V. B.; CAVALHEIRO., E. T. G. Aplicação de corantes naturais no Ensino Médio. **Eclética Química**, São Paulo, v. 26, 2001.

SOFFNER, M. L. A. P. **Produção de Polpa celulósica a partir de engaço de bananeira**. Dissertação (Mestrado) – Escola Superior de Agricultura – Luiz de Queiroz, Universidade de São Paulo, Piracicaba, 2001. 49p.

SOUZA, M. C. B.; CUNHA. M. F. V. Corantes. *In*: COLTINHO, L. G. R.; FERREIRA, V. F. (org.). **Contribuições aos professores de Química do Ensino Médio**. Rio de Janeiro: Ed. UFF, 2005. p. 111-126.

ZEYMER, L. M.; LUCENA, B. F.; GOMES, F. B.; OLIVEIRA, V. B.; GONÇALVES, L. H. T. Reciclagem de Papel: método de tingimento de fibra de bananeira com diminuição dos resíduos químicos. 31a Reunião Anual da Sociedade Brasileira de Química, ÀGUAS DE LINDÓIA – SP, 2008.

Sumário